图解世界战争战法

日本武士（1200—1877年）

装备、作战技能和战术

著者/ ［美］托马斯·D.柯兰
译者/ 储召锋
校对/ 张 魁 曹 禺

黄河出版传媒集团
宁夏人民出版社

图书在版编目(CIP)数据

图解世界战争战法.日本武士：1200—1877年/(美)托马斯·D.柯兰著；储召锋译.—银川：宁夏人民出版社，2017.12

书名原文 WEAPONS&FIGHTING TECHNIQUES OF THE SAMURAI WARRIOR1200—1877AD

ISBN 978-7-227-06825-9

Ⅰ.①图… Ⅱ.①托… ②储… Ⅲ.①作战方法—史料—日本—1200—1877 Ⅳ.①E19

中国版本图书馆CIP数据核字(2018)第002007号

版权贸易合同审核登记宁字第2017026号
by Thomas D. Conlan
Copyright © 2008 Amber Books Ltd

图解世界战争战法·日本武士(1200—1877年)

(美)托马斯·D.柯兰 著
储召锋 译

责任编辑	管世献 周淑芸
责任校对	陈 晶
封面设计	小 勉
责任印制	肖 艳

黄河出版传媒集团
宁夏人民出版社 出版发行

地　　址	宁夏银川市北京东路139号出版大厦（750001）
网　　址	http://www.yrpubm.com
网上书店	http://www.hh-book.com
电子信箱	nxrmcbs@126.com
邮购电话	0951-5052104　5052106
经　　销	全国新华书店
印刷装订	宁夏凤鸣彩印广告有限公司
印刷委托书号	（宁)0008159

开本	787 mm×1092 mm　1/16
印张	13　　字数　260千字
版次	2018年6月第1版
印次	2018年6月第1次印刷
书号	ISBN 978-7-227-06825-9
定价	68.00元

版权所有　侵权必究

目 录

前 言 …………………………………………… 3

第一章
　马上武士 ……………………………………… 23

第二章
　步 兵 ………………………………………… 55

第三章
　枪 兵 ………………………………………… 81

第四章
　指挥官 ………………………………………… 99

第五章
　火 器 ………………………………………… 139

第六章
　大炮和炮兵 …………………………………… 177

前 言

"我们伤亡惨重,部队溃败,四散逃离。"
——土持信秀(1336年)

"武士之道只能于死亡中求索。"
——山本恒友(1717年)

上面两句话相隔近400年,反映了武士们态度的演变。第一句话是土持信秀在1336年2月写下的,其时内战刚刚爆发不久,这句话蕴含的实用主义态度,却在后世的思想家[例如山本恒友(1619—1759)]中消失了,在经过了一个世纪的和平之后,山本恒友努力为武士的存在寻找理由。信秀很清楚,如果战死,他的领地将被没收,因此活着比名誉更重要。相反,生活在截然不同的社会和政治环境下的山本恒友,强调战死的重要性,因为能为优秀的武士主人战死异常光荣。

山本恒友是一名武士,

安土桃山时代(1568—1600)土佐派画家描绘的1156年"保元之乱"插图。

3

图解世界战争战法：日本武士（1200—1877年） TUJIE SHIJIE ZHANZHENG ZHANFA

忠于自己的主人，是主人的顾问和管家，如果需要，会随主人赴死。和血统的延续相比，个人的存亡不值一提，武士的岗位、职位和地位，完全取决于主人的好恶。因此，恒友将甘愿赴死界定为武士的气节。

如果据此认为武士们的身份已经发生了变化，其实也是一种误解，如果有人称呼土持信秀为武士的话，他很可能会义愤填膺。"武士（samurai）"意为"侍卫"，暗含着忠于自己的主人。在今天，samurai 这个词等同于"日本武士"，本书中也因袭之，但不能用来称呼13世纪、14世纪日本一些著名的战士。他们认为自己是"御家人"（家臣），率领一批追随者参加战斗。换句话说，在整个14世纪，武士指的是有权势的地主的追随者，他们不仅住在地主的房子里，还以耕种地主土地维持生计，他们无法独自参加战斗。武士和御家人的关系，和乡绅与骑士的关系相似。试想一下，如果到了16世纪时，欧洲的骑士们都变成了乡绅，那中世纪的欧洲史将会是怎样另外一种情景。

然而，这是在日本真实发生的事情。传统武士的后裔视自由高于一切，但是到了16世纪后期，随着战争成本不断加剧，武装的规模从几百人激增至数万人，武士独立性随之不断丧失。到了1588年，丰臣秀吉要求他的武士，要么放弃自己的土地以换取有保证的薪俸，要么保留土地，但要像农民一样承担苛捐杂税。作为一种额外奖励，所有决心成为武士的人都享有佩戴

13世纪晚期穿戴的铠甲，制作精良。请注意他的熊皮战靴、战刀以及佩戴的环形鹤羽，鹤羽主要用来保持弓弦干燥。

19世纪木板印刷的丰臣秀吉画像。丰臣秀吉出身草莽，后来成为一国之主。画中描绘的是在贱岳之战前，丰臣秀吉吹海螺号鼓舞士气。虽然画师刻意避讳，但丰臣秀吉实际上个头矮小，长得像只猴子，缺少应有的魅力，却是一位优秀的统领。

QIANYAN 【前言】

图解世界战争战法：日本武士（1200—1877年） TUJIE SHIJIE ZHANZHENG ZHANFA

武士和贵族都是技艺精湛的射手。射得准的有奖励。许多比赛的参赛名单以及选手们的射击成绩，一直留存到现在。早期的武士标榜"弓箭之道"，但事实上，正如插图中所展示的那样，许多贵族也技艺高超。这幅图展示了平安时代（794—1185）的贵族生活。

双刀的特权，即一把长的太刀和一把短的肋差。这种配置不仅彰显自己地位，也可以砍杀对他们有些许不敬的平民，但这种权力很少被付诸实施。相反，那些选择成为平民的人，可以保留自己的土地，但是无权拥有武器，无法保护自己。

失去土地的士兵

作为日本事实上的君主，丰臣秀吉虽出身草莽，但极富聪明才智，使其得以在16世纪的日本战国纷争中游刃有余，一步步走向了政治权力的顶峰。他深信，在他的时代，如果士兵们都为自己的土地而战，那么将会造成战争的蔓延，因此必须尽可能让他们放弃自己的土地，作为回报，赐予他们进入秩序严苛的武士社会。

事实证明，丰臣秀吉要求士兵做出的牺牲过于巨大，因为许多士兵对土地有强烈认同感。很多人直接用家乡名称作为自己的姓氏。他们对放弃土地抵触强烈，许多人——比如宇都重房——直接拒绝了丰臣秀吉增加薪俸的提议，因为这将迫使他离开在九州北部的家乡，而宇都家族在这个地方已经居住了数个世纪之久。宇都重房以保护先祖坟地为由，与丰臣秀吉爆发战争，他以及这片领地上的所有人面对的是丰臣秀吉从日本各地调集而来的联军。宇都重房最终战败，他选择了叶落归根而非客死异乡。那些接受了丰臣秀吉条件的人，则如盆栽一般，从一个地方被移到另一个地方。但是他们从来没有忘记来自何地，那些地方有时就使他们陷入困境，甚至到了18世纪，许多人还返回故里，幸好农民们还记得他们，并将他们作为难民保护起来。

日本社会存在着巨大的分歧。1588年之前，武士还不是一个泾渭分明的阶层。相反，几乎所有社会成员，包括农民、商人、妇女、僧侣，当然还有武士，都武装了起来。通过战斗，他们可以获得姓氏、土地，甚至能够成为武士，获得巨大的政治权力。相反，这些延绵了数代的武士家族，往往因为一代人的战败或遭辱而消失。然而，到了1588年之后，所有人必须做出决定，是放弃武器保留土地成为农民呢，还是保留武器确保家族的延续。

建立没有土地的武士精英阶层，并不是一帆风顺的。一些住在偏远地区的农民往往藏了数十把战刀，而一些影响颇大的武士，并没有被武士地位所束缚，最终成功地在自己名下登记了许多土地。其中一些很有影响力的人物，也被称为大名，从来没有移居他地，这也使得过去那种地主关系被保留了下来。更重要的是，在17世纪、18世纪和19世纪，武士们都成了城市居民，很少作战。这些武士逐渐演变为知识阶层和官僚阶层，他们关于武器的经验，逐渐成为一种古玩研习，甚至演变为武术。由于既有充足时间，又不需要为了保卫土地而战，17世纪和18世纪的武士知识阶层中的一些人，例如山本恒友开始反思他们在社会中的作用。一些人学习儒家，认为武士阶层以其过人的知识和美德治理这个国家，已经成为了典范。其他人练习武术，而武术只有在17世纪和平重新降临以后才显得重要。此外，在和平年代，由于突然而残酷的死亡方式已经远去，一些人开始将死亡视作武士制度的一种品德大加赞美。事实上，这样的态度在战争年代里是不可能出现的，因为在战争中很容易死亡。

武术和神秘主义

日本内战在1615年结束，但由于一代人已对流血习以为常，因此和平的建立依然是个渐进的过程。直到17世纪中叶，

一张很早的照片，显示的是身着武士服装的男人们。左边的人拿了一把长柄刀；中间的人戴着脸部护甲，手里拿着长弓；右边的人头戴16世纪非常流行的斗笠头盔，手拿短矛。

图解世界战争战法：日本武士（1200—1877年） TUJIE SHIJIE ZHANZHENG ZHANFA

17世纪的宫本武藏技艺高超，是一名致命的刀客。在德川时代，他成为传奇人物，他的事迹被用到了歌舞伎节目中。图中扮演宫本的演员尽管手中拿的是一把木刀，却让身处同一决斗室中的对手们心生恐惧，不敢与之交手。

人们依然生性残忍，时常决斗，伤亡常常发生。宫本武藏（1584—1645）是一位神乎其技的刀客，许多不幸的对手都成为其刀下鬼。他的著作《五轮书》，反映了武士决斗中的态度。决斗本身没有按照训练方式和武器类型进行严格规范，而是反映出了实际战斗中的残忍。

例如，一个叫柳生宗严的人，号称自己可以用刀打败最好的骑兵，事实上他做到了，用刀砍中了对手战马的马头。1603—1867年间统治日本的德川幕府，后来就禁止不同门派的学生互相挑战。当时非常受欢迎的木刀是用竹子制成的，武术的精髓是展示自己移动得如何敏捷，而不是击杀或者击伤对手。

练习太刀的人非常强调移动的步法。上图是基本的防守姿势。

8

剑 道

所有的武术门派都想通过联系过去来证明自身的正统性，但能被人们记住的武器却并不多。例如战斧这一兵器就没有形成自己的门派，因而遭遗忘。长矛和2.1米长的长刀，都曾是非常流行的武器，但由于不利于训练，因而在很大程度上也被人们遗弃。现存的一些长刀，事实上在德川时期（1603—1867）都被改短了，能流传下来的到今天都成了稀世珍品。早在1600年，长弓就已经落伍了，但后来由于适合武术训练，又焕发出生机。长弓的使用对技巧要求很高，需要大量的时间和训练，而在17世纪和18世纪，武士们拥有最多的就是时间和训练了。弓箭手们与其说是在与对手比拼，不如说是在与自己比拼，他们做的一些事情甚至可以载入吉尼斯世界名录。例如，1名弓箭手在24小时内，对1个目标射击了12780到12920次之多。练习太刀则更加注重移动技巧，而不是砍杀的对手的蛮力。插图中展示的是劈头斩的基本分解动作。

图解世界战争战法：日本武士（1200—1877年） TUJIE SHIJIE ZHANZHENG ZHANFA

太刀击杀点

QIANYAN 【前言】

20世纪30年代一把非常典型的太刀，稍微弯曲的刀锋里含有锻造线，因为刀背所用的钢硬度超过刀锋所用的钢。护手又称为锷，主要是在手握刀柄时保护手的。刀柄为木质，外裹鲨鱼皮，用布缠住，又称为茎兼柄。刀上的所有附件都是可拆卸的。

武术门派的创立让人们的记忆产生了偏差，让人们以为武士醉于精心设计灵活的刀战对决，却忘记了武士是如何用刀来攻击对手的。

最重要的是，太刀俨然成为武士们的标志性装束，用更流行的话说，太刀是"武士之魂"。不同的剑道门派，强调不同的"形"，即固定的招式。一个门派的人不会直接挑战其他门派，刀也几乎被赋予了神圣特质。这种神话色彩愈演愈烈，以至于后来的武士们越来越强调刀的重要性高于一切。曾将《拿破仑法典》翻译成日语的武士江藤新平（1834—1874）曾在1874年领导了一场堂吉诃德式起义，他们的武器只有刀，结果自然惨败。人们常常将这次起义与1877年西乡隆盛领导的最后一次武士起义混为一谈。西乡隆盛（1827—1877）被尊为最后的武士，甚至被载入了电影《最后的武士》。在电影里，西乡推崇古制，只使用弓和刀。事实上，西乡首先攻击的是政府的兵工厂，然而他对火枪的应用却被人们忽视了。

人们通常认为，西乡隆盛的家乡是武士情怀的热土，完全不接受用西式武器，但人们却几乎忘记，事实上，早在1857年，这里就建起了运行正常的高炉。

这些历史性的失忆，影响了20世纪初日本陆军的军事操典，后果是灾难性的，那些手舞太刀、口喊万岁冲锋的士兵完全敌不过威力强大的步枪和火炮，造成了数以千计的士兵无谓战死。土持信秀宁愿当逃兵，也不愿伤亡惨重，但这些人的作战方式已经被遗忘。取而代之的是"成仁之道"成为大日本帝国陆军的作战信条。这种信念不珍惜战士的生命，因而也不会珍惜战俘和占领区平民的生命。

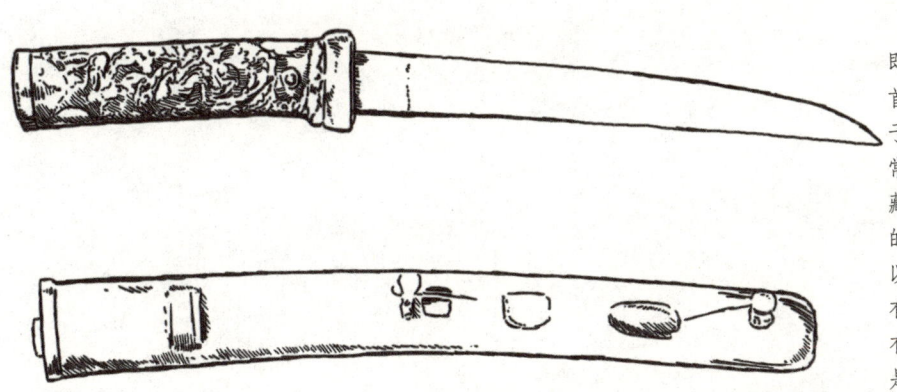

带鞘的肋差，即匕首。这种匕首的刀刃长度小于30.5厘米，非常易于刺杀和隐藏。插图中肋差的附属配件是可以拆卸的，例如有的肋差没有锷，有的肋差的刀柄是用布缠起来的。

刀 术

九鬼神流刀术。据称，九鬼神流刀术最早可追述至14世纪，使用的刀也比后世的太刀要长。这些格斗技巧中，有的可能在14世纪就存在，但是该刀术对形式、速度和灵活性极为重视，是典型的17世纪武术。插图中描绘的是几种起势。

八相

前屈势

天地起势

中段持刀

双刀搏击

在17世纪早期，流浪武士为比试力量，常进行决斗，其中技艺精湛的刀师宫本武臧所向披靡。宫本武臧可双刀齐挥，能够击挡敌人的任何攻击，当与对手的刀锋对接时，可以抽出左手的太刀，轻而易举砍杀对手。

①

②

③

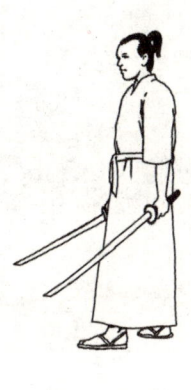

④

⑤

⑥

图解世界战争战法：日本武士（1200—1877年） TUJIE SHIJIE ZHANZHENG ZHANFA

假想的历史

武士的概念已经被理想化了，与过去的事实截然不同，但军官们推崇这种概念，并将目光锁定在太刀身上。刀作为武士秩序的象征，成为了标准军事装备，虽然它与现代战争已经格格不入。战场上，排长如果挥舞着战刀指挥士兵，那么很容易成为靶子；飞行员们将战刀带进了驾驶舱，则使得舱内凌乱不堪，且又没有任何用途。如果有时间，有些人还会用战刀做些残忍和没有意义的事情，例如斩杀战俘，恐吓占领区平民，甚至看看战刀能不能斩断机关枪枪管（确实能，但刀刃也毁了）。山本恒友的理念比土持信秀的实用主义更为持久。结果，成千上万人甘愿赴死，而不是活下来待他日再战。在1180年到1615年间，武士们在战争中的经历表明，他们并不迷恋死亡。这就要求我们将目光更多地聚焦到武士们是如何战斗的，而不是如何去理想化他们的过去。但这样做，就与很多关于武士的书籍有巨大差异，那些书都支持武士理想化的论调，或者对某些武器大加溢美，用武术门派引起人们的兴趣。

【前言】

西乡隆盛原是1868年明治维新的主力,但随着新的明治政府不断实行中央集权和独裁,西乡隆盛在1877年领导了大规模起义。西乡隆盛和他的手下使用的是火枪,只是最后子弹用尽才使用战刀。起义惨败,只有很少人活了下来投降了明治军队。在1877年起义失败后,参加战斗的人却被描绘成一群抱残守缺的武士,但事实却复杂得多,其中一些参加起义的人甚至受到了法国启蒙哲学家让·雅克·卢梭著作的启发。

1942年4月,日本侵略者庆祝攻陷菲律宾。值得注意的是,许多人高高举起了太刀,这些在19世纪晚期和20世纪早期就已经失宠的战刀,在20世纪30年代和40年代却被经常拿来使用,只不过其功能更多的是炫耀,而不是实际作战。

在整个16世纪,弓箭是武士们的基本武器,以至于许多武士更愿意承认自己遵循的是"弓箭之道"。

技艺高超的弓箭手可以在马背上射击,而其他人只能像步兵一样徒步射击。真正近身肉搏,是很少发生的。

在1467年之前,组织严密的部队阵型几乎不存在。相反,步兵们在一小队骑兵前散开,而骑兵控制着整个战局,他们可以让任何落单的刀手——无论其技艺如

图解世界战争战法：日本武士（1200—1877年） TUJIE SHIJIE ZHANZHENG ZHANFA

持旗兵

旗帜是使用最广的识别标识。它主要是一块白布，其上印有家族的象征。最古老的旗帜出现在竹崎季长的《蒙古袭来绘词》之中，也就是13世纪晚期。有些旗帜上是汉字，但是大部分旗帜上是抽象图案或者风格迥异的动植物形象。在13世纪的日本，家族已经成为重要实体，许多古老的家纹就是起源于这个时期。到了14世纪，战争不断蔓延，家族分崩离析，兄弟之间选择新的姓氏，使用新徽标。这些新的徽标中，有一些反映了他们的政治忠诚。例如足利的追随者们会将足利家族的家纹——一个圆圈中有两条黑线——放入自己家纹之中，到了16世纪，军队规模不断扩大，徽标也由武士的家纹，变成了大名们的徽标。此处插图是1593年侵朝战争中，加藤清正的旗手。

何——掉头逃跑。如果将当时参加战斗的人群称为军队，肯定是不准确的，因为他们通常只有几十人或者数百人。所谓的指挥控制几乎不存在，骑兵如果觉得可以，就会前进。在早期，相比于万众瞩目和"配得上赏赐"的想法，指挥官的想法、指挥官的命令根本不值一提。抗击蒙古军的竹崎季长，上级命令他等待增援，而他对此置之不理，不顾一切向前冲，最后被射下战马。他这样做，是为了抢夺头功，而最后他也确实得到了。

武 家

武士家族是军事机构的基本单元。镶嵌在铠甲之上的家纹是区别他们的标识，此外布料和丝绸上有时也有一些识别物。旗手们通常骑在马上，背后插着族旗，从很远就能识别。担当这个角色需要很大的勇气，因为旗子总是易于识别的靶子，他们的伤亡率尤其高。许多人被弓箭所杀，或者在接近敌人城墙时，被滚石所杀。对于一队战士来说，战旗被夺是莫大耻辱，敌人会用它羞辱幸存者。幸存者常常因受不了这样的侮辱，而贸然反击，夺回战旗。

在14世纪的战争中，同一家庭会效

三种样式的日本战旗，其中大的是标准款式，被称为马印。

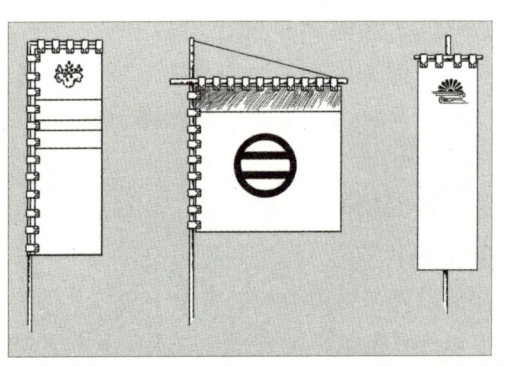

1185年，源赖朝建立了日本第一个"武家政府"，即镰仓幕府。然而镰仓幕府权力有限，主要是调解裁判支持者之间的纠纷，帮助地方维持秩序，使其拥护朝廷。源赖朝是一位卓越的领导人和战略家，在战术上却不精明。他打了两场大仗，第一场是1180年在石桥大战皇室，结果战败；第二场发生在1189年，其占绝对优势。一些木板印刷画，例如《大日本名将图》，更多强调他平和的一面，例如为了获得佛祖恩惠，在镰仓放生天鹅。

忠不同的势力。这样做，有时是为了保护自己的家族。右田家族的一名成员原来是镰仓幕府的御家人，后来称病，派自己的儿子为后醍醐天皇（1288—1339）而战。后后醍醐天皇在1333年攻击镰仓，而他自己却为镰仓幕府而战。这样，不管镰仓幕府战败或者战胜，都不会对右田家族造成影响，虽然父亲忠于镰仓幕府，但现在已经退居二线，并将家督之位传给了为后后醍醐天皇效忠的儿子。另外一些例子中，家督的弟弟虽然只有一点点土地，但想自立门户，为此，他们不顾家督的权威，效忠某一名指挥官。在内战中，这些人没有别的方法，只能戮力奋战，只有这样他们才有机会脱离家族自立。而对于家督来说，要想维护自己的权威，他们必须谨慎行事。

一旦某个家族的成员决定效忠相互敌对的势力时，那么残酷的问题就出现了，因为同一家族的铠甲镶嵌着相同的家纹。家族成员如果互相战斗，将会造成灾难性后果，因为无法分清究竟谁是敌人谁是盟友。一些人，例如友希，就将他们铠甲上的臂章砍下，放在了盔甲的锹形角上，还有一个家族在他们的铠甲上镶嵌着小的竹叶。在13世纪、14世纪，武士们不断组建"新的"家族，因而出现了许多新的家纹。

战争武器

在早期的、分散的战斗中，武士们几乎完全依靠弓箭战斗。刀只是近身防御兵器：可能会高悬床头，在遭遇劫匪时，可以轻易抗击侵犯者；在敌人靠近时，也可以用刀刺杀对手，但在战斗中使用得却不多。然而，在1333年到1392年间，内战延烧至日本列岛，上述情况也发生了变化。14世纪初内战刚一开始，步兵们就开始与骑兵分庭抗礼。他们占领沼泽地和山地，这些都是战马无法驰骋的地形，有些人甚至能用长刀斩断靠近的马腿。事实上，当面对单个骑兵时，这些武器效果很好。但如果面对一群骑兵，那么处境可就不佳了，因为骑兵可以包围步兵，然后用箭射死他们，就是最好的刀客也难逃厄运。步兵们只有组织成严密的阵型，才能主导战场——而这还要等到15世纪才能

图解世界战争战法：日本武士（1200—1877年） TUJIE SHIJIE ZHANZHENG ZHANFA

创 新

十年应仁之战（1467—1477）造成巨大人员伤亡，京都也成了断壁残垣。但从军事角度看，除了巨大的毁伤外，战术和后勤的巨大创新出现在了这场战争之中。整整十年，人力和物力源源不断涌向战场，为了几里土地的控制权，军队之间反复冲杀。为了使骑兵有空间驰骋，京城很大部分被烧为灰烬。但是方阵的出现表明，即使在烧为灰烬之地，骑兵也无法经受住长矛方阵的进攻。这样的情况与第一次世界大战中的西线战场有点相似，当时的西线战场建有大量的战壕、瞭望塔与敌人的城池相互对峙。虽然有伤亡，但长矛兵和步兵还是成功跻身战略位置，而骑兵只担负外围的攻击任务，已经不再是战场的主力了。

防御战术日新月异，再加上首都的覆

射箭基本姿势。请注意，手握的地方不是弓的中间，而是稍微偏下，还注意持箭的手势，箭放在食指和中指之间。

实现。

一旦人们可以训练成严密的阵型，长矛就成为称手的兵器，它不仅便宜，而且大规模使用时，会产生极好的效果。这些阵型由轻装甲武士组成，既可以用来占领兵争之地，也可以与盾结合起来形成矛与盾的组合墙，能在平坦地形对抗骑兵。在1467年，这种战术上的创新改变了战争样式，主导战场的不再是骑兵，而是步兵了。

保卫天皇马车的武士，来源《平治物语绘卷》。画中右侧身着官袍的贵族是藤原延依，这些武士由他指挥。最迟到1159年，也就是平治之乱时，武士依然忠于皇室。

灭，使得将军们尽可能扩大军队规模。在应仁之乱后的一个世纪里，军队扩大的规模可以用十倍——如果数据可信的话，甚至是一百倍的速度来计算，地方的首领甚至会征用辖区内的所有男性人口。军队规模的扩张，带来了军服、旗帜的变化，最重要的是带来了长矛。到最后矛的长度增加了四倍。

然而，到 16 世纪晚期之前，弓箭依然是主导武器。火枪进入日本有两次潮流，第一次是在 1466 年，也就是应仁之乱前夕，当时是一种原始的三管火

后 勤

要组建大规模部队，后勤始终是个很大的难题。士兵们总是会抱怨在野外作战时间过长，武器需要修理更换，马匹也要更换，他们还需要更多粮草。此外，一旦自己的作战没有得到相应的回报，他们就会脱离部队回家。

那些有钱的武士，会炫耀自己的财富，他们骑着高头白马，穿着张扬的斗篷，在刀上嵌上金银。1352 年，地方头领获许截留本地一半的税赋，这样他们的权利更大，并且能够更加快速地组建自己的部队。这些人被称为"守护"，他们可以使用当地的税赋建造城池，建造工厂，征召士兵。随着控制的土地越来越多，他们逐渐让自己的佃户成为自己的家臣，或者成为了武士，当然这一过程经历了好几个世纪。他们的财富越多，权力越大，也就越能够建立起常备军队。

始建于 1611 年的弘前城，位于日本的最北端。城中心的这栋五层天守阁在一次战争中被烧毁，后来在 1810 年得到复建，只不过变成了 3 层楼。虽然当时的日本已经很久没有发生战争了，但这栋建筑被设计用来抵抗进攻。请注意这栋楼没有窗户，替代的是用于弓箭手和火枪手设计的垛口。楼的下层可以储存大量石块，既可以用来填补石墙，也可以攻击进攻者。

图解世界战争战法：日本武士（1200—1877年） TUJIE SHIJIE ZHANZHENG ZHANFA

月冈芳年在19世纪创作的木版画，名为《竞势醉虎传》，描绘的是勇敢的刀客参加倒幕战斗。因为受到武术影响，有些人认为刀是最有效的战斗兵器，但这些人物形象很多已经消失。在这幅图中，甘愿赴死的战士，为了奔赴战场，将饭桌一劈为二，食物横飞。

枪，它的威力在于它的声响，而不是穿透能力。第二次是在1543年，葡萄牙人带来了火绳枪，事实证明它的威力更大。根来寺的僧人很快就得到了这批武器，没多久就建立起了强大的火枪部队。足利幕府的将军们还将这些武器和火药的知识传授给了支持他的大名们。慢慢地，这些火枪取代了弓箭。在1575年的长筱之战中，这些武器造成了惨重伤亡，然而在16世纪80年代，火枪和弓箭所造成的伤亡实际上不分伯仲。直到17世纪，绝大部分的弹射武器致伤(80%)才是火枪造成的。

经历了1600年至1615年间的几场大仗之后，日本迎来了和平稳定时期，德川家族统治日本，正如我们所看到的，他们建立起了武士秩序和城市中心。武士们得到的薪俸是大米，而不是现金，而制造业的激增，使得繁荣景象得以出现，但让武士们的购买力下降，也越来越贫困。与之前的富足和虚荣相比，现在的武士更加节俭和贫困。一些武士实在过于贫困，不得不典当自己的宝刀和铠甲，甚至受雇于小型作坊糊口。

虽然已经建立起了和平，但是德川政府并没有放弃火枪；相反，它们垄断了火枪的生产与分发。此外，火炮的生产也被严格控制。尽管与欧洲国家联系非常有限，但是日本依然关注着它们的发展。

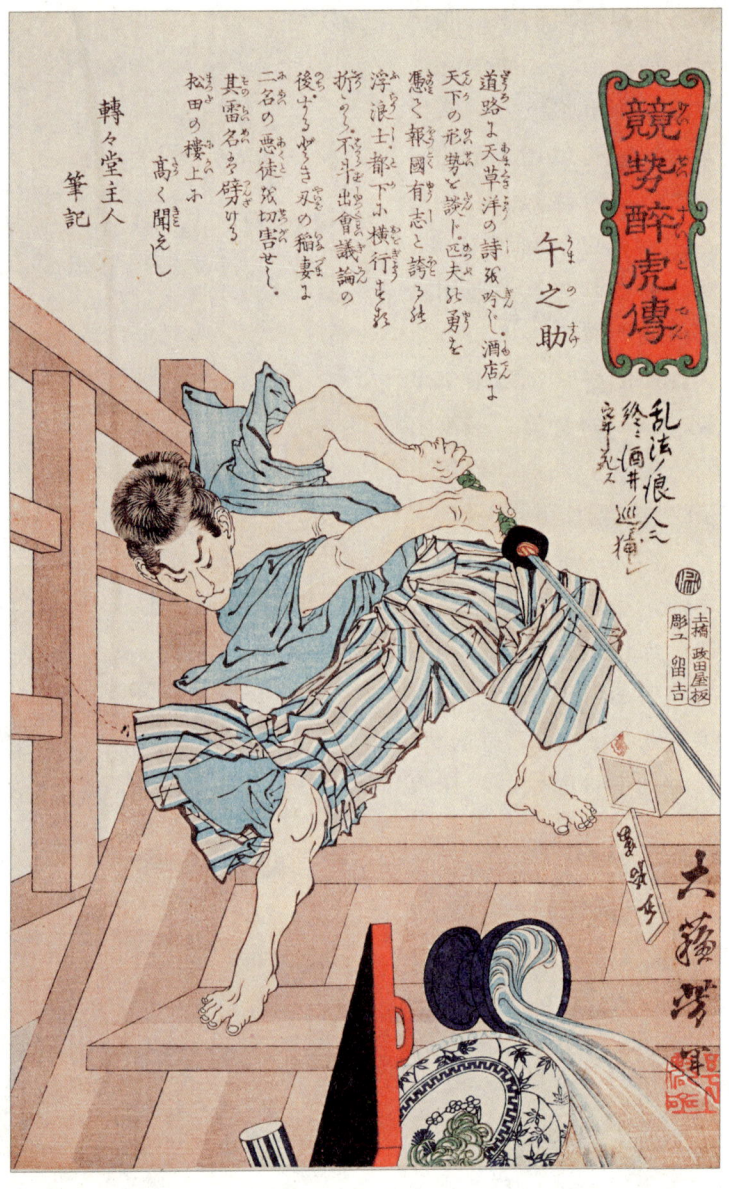

有些人学习荷兰知识,其中一名叫作佐久间象山(1811—1864)的武士在1841年就用欧洲的火炮、火枪和新式军用熔炉进行过实验。1850年,他又在佐贺建起了一座可以融铁的高炉——炉温可以达到1300℃,他还在1852年制造了电报和蒸汽船的模型。

武士的终结

有的武士欢迎文化和技术的变革,而有的武士,例如曾经的改革派江藤新平,却在积极抵制变革。然而,在现代化的大潮下,日本政府已经无法向占人口6%(根据1850年的统计,当时日本人口3000万,武士数量180万)的人支付薪俸。薪俸被换成了债券,这样最富有的武士成为新政权里的资本家,而贫穷的武士不得不转行,有的成了教师,有的成了报纸编辑,有的还在继续用好手中的刀——他们成了理发师。

在现代人看来,西乡隆盛领导的最后的大规模起义,是为了将制度退回过去,起义失败后,武士们消亡了。但是他们的理想,而不是战斗实践,却嵌入了日本的国民思维里,载入了教育法典,直到1945年。在这场战争灾难到来前,所有人都在推崇武士精神。然而,这场战争浇灭了武士信念的最后避难所,信念的本身也随之凋谢。在今天的日本,人们已经不了解,也不理解武士们真正使用的武器和格斗技巧。

刀是武士的象征。但是长矛却不能代表人的社会地位。在这场歌舞伎表演中,手持太刀的人击败了手持长矛的人。但在16世纪真正的战斗中,长矛是更受人喜爱的武器。

第一章

马上武士

到 1200 年，一个显著的军事阶层开始出现，绝大部分日本骑兵都被囊括其中。1200 年前的几个世纪里，他们是当地领主的代表，通过这种关系，他们逐渐拥有了管理土地的权力，这些土地有可能是当地的公共土地，也有可能是已经被贵族征用的土地。但是他们的地位依然是微妙的，能否管理土地，完全取决于当权者的意愿。

这种状态孕育了不满情绪，反过来促使许多武士反抗朝廷及其任命的代表——当地领主。源赖朝（1147—1199）从 13 岁开始就被流放，后来成为一支强大

使用长枪的马上武士，他们在行动中身着鲜艳的背旗，这是黑泽明拍摄电影的场景。图中士兵的铠甲和武器都是 16 世纪的样式。

图解世界战争战法：日本武士（1200—1877年）

的武士武装的头领。他在1180年发动了一场保守式革命，反抗中央权威，但他的做法是强化武士们的土地权利。他任命自己的支持者为地头，正是这一职位在接下来的1000年里，深深地影响了这些人的身份和行为。1183年，源赖朝从朝廷规则的反对者，转变成了拥趸。他任命地头的做法，使其从1180年起获得的权力不断巩固，此后他充分利用自己对地方武士的权威，迫使他们遵守朝廷的法令，不再烧杀抢掠和满怀愤怒。获得合法性之后，他免去了那些没有得到他任命自称为地头的人的职务。从这时起，一直到1199年去世，他的大部分时间在平息叛乱，剥夺那些不服从他或者在1189年战斗中不支持他的人的职务。

诉讼与土地

裁决争议，决定遗产继承或者使继承合法化，是日本第一个武家政府——镰仓幕府——的主要工作。重要的是，镰仓政府是一个司法政府，最关心的是诉讼，13

世纪的日本武士绝对是诉讼争执最多的人。即使是长达数十年的争端,一般都可以通过法律得以公正裁决,武士对这一体制很有信心,很少刀兵相向。这个武家政府最大的遗产之一是法律,在一个阶级更为复杂的社会,它的法典——1232 年制定的《贞永式目》法令比 1215 年制定的英国《大宪章》更能保护人们的土地权。

除了争议裁决,镰仓幕府还负责保护京城和地方的秩序。镰仓幕府在每个地方设置一名守护领(守护),并要求他的武

这是一幅非常有名的肖像画。直到最近,还被认为是源赖朝。他身着官袍,佩戴宝刀,但这实际上是皇家护卫长的装束。最近有学者认为这是足利义辉,是第一任足利将军的弟弟。

士——被称为御家人——承担护卫职责,需要时承担军事义务。不论是男是女,比如口念"南无阿弥陀佛"的武僧,都需要承担这样的义务,但是地头们不在其列。御家人负担很重,服役的时间也很长,他们还常常会被摊派一些其他杂役,例如兴修堤坝等。由于御家人这个地位所带来的巨大负担,许多士兵宁肯放弃这个头衔。这种情况在 13 世纪晚期有所改观——镰仓幕府免除所有御家人的债务。尽管如此,还是有很多人放弃御家人头衔。

这幅画卷创作于 13 世纪,描绘的是源赖朝和藤原经惟 1159 年政变的场景。请注意,骑马武士身着的盒子一样的铠甲,步兵们身着简易铠甲。老式的铠甲对下身保护很少,尤其是低等级的士兵。有一种被称为目下颊的,可以保护前额和脸颊。还要注意的是,骑马武士几乎只使用弓箭,而步兵们一般使用刀和薙刀,用以斩首战俘。

图解世界战争战法：日本武士（1200—1877年） TUJIE SHIJIE ZHANZHENG ZHANFA

身着袍服的镰仓幕府官员，袍服上装饰有北条家族的家纹。此图摘自《蒙古袭来绘词》，创作于13世纪或14世纪初。这是家纹最早出现的图画，反映出家族认同在13世纪后半叶变得越发重要。

有好处的职位

对于一个武士来说，地头这个职位好处很多。税收还是流向土地所有人，农民依然耕地，但是地头是土地的管理者，可以规划土地使用，可以征用杂役，在这个过程中可以致富。只要地头不叛变，那么他就能一直保留这块土地，并且将土地传给任何他认为合适的人。普遍实施的是传贤而非传长的继承制，虽然有些土地被传给了一个继承人，但也有的土地同时传给了几个儿女。有一个武士，由于没有继承人，甚至将土地传给了忠心耿耿的两条猎犬——"大黑"和"小黑"。

对特定小块土地的所有权，或者说得更准确些，如何管理好某一小块土地的农民，深刻影响着武士们。许多人用居住土地的名称作为自己的姓氏，反映出他们与财产的紧密联系。他们这样做是为了证明自己是自主的，而不是依附于他们的哥哥或者叔伯。这些变化促使许多新家庭出现，每个家庭都有自己的"门户"和家徽，而从13世纪中叶起，家徽已经用来装点武士的服装。

管理好自己的土地，以及得到地头的任命，远比能不能骑马更加重要，因为许多人都能骑上马。男、女武士识字率都很高，因为他们需要写遗嘱，好将土地传给子嗣。尽管如此，骑马的能力却是社会地位的重要象征。可以骑马的人，往往是当地的精英。如果他有足够的资源养马，那么在必要时，他就可以迫使农民顺从自己的意愿，因为哪怕是面临一小队骑手，徒手的农民也对抗不了，更不用说那些能够骑射的人了。

领主和追随者

到1467年，马匹依然是任何军队的根本，任何军队都依靠骑兵，步兵们只有到14世纪中叶后才被重视。可不可以骑马，是个重要的标识。例如在1284年，镰仓幕府就禁止僧侣和"底层人"骑马。即使僧侣们和普通人被禁止骑马，那些因未能被任命地头而不被认可的人仍然认为自己的地位和武士相同，这就导致日本社会出现了一定程度的紧张，这种情况一直延续到1333年。

在那些可以骑马的人中，最有前途的莫过于有显赫出身且有土地的人。他们骑着最好的马，穿着最奢华的盒形铠甲，让人一眼就可以认出。这些御家人拥有大量的农民和土地，他们是乡绅，有能力供养数量从3人到35人不等的追随者。这些追随者就是现代所称的武士。他们的御家人领主，给他们提供马匹和铠甲，如果他们战伤或战死，得到补偿的是领主，而不

【马上武士】

是他们自己。这些武士不论干了什么惊天动地的事情,都不会被承认,所有功劳归于他们的领主。

有些士兵没有合法地位,没有得到镰仓幕府任命。他们主要分布在日本的中部和西部,既没有地头的权利,也不需要承担护卫义务。这些人被称为庙守,他们认为自己的权利和御家人相同,因此不愿意居其之下。由于要抗击蒙古入侵,日本的人力逐渐不足,镰仓幕府的官员想把这些庙守也招入军队,但很快这一政策就被废止。

然而到了14世纪30年代,内战爆发,很多人被征召参战,其中包括御家人和庙守。1333年,镰仓幕府倒台,此后

竹崎季长的一名旗兵,骑马站在石墙旁,石墙是用来抗击蒙古1281年入侵的。他手里举着竹崎季长的族旗。他不像那些坐在石墙上的士兵那样身着可以保护上肢的垂。他穿的是简易的腹卷铠甲。

又经历了两代人的战争,使得御家人和庙守这对原本泾渭分明的阶层融为一体,成为一个更大的社会单元,而武士则被称为"国人"和"外样",后者是独立自主的。在有些地方,一小队骑兵由于太穷,无法保持自主,不得不互相联合成为集体。他们被称为"百姓",这个词后来被误用来指农民。他们有姓氏,成为精英社会的边缘人物,比普罗大众好得多,这些社会底层的人被称为"下忍"。"百姓"可以骑马,可以参加战斗,可以组成一支队伍。

图解世界战争战法：日本武士（1200—1877年）

然而到了15世纪，随着军队规模的扩张，这些人要想独立自主已经不可能了，只能作为依附追随者（即武士）参加各类士兵组织，其他人则专注农桑。这些人即使骑着马，穿着铠甲，也很容易被认出来，他们的铠甲也只是简单的腹当而已。

价值高昂的动物

武士非常珍惜自己的战马。这些马非常重要，以至于日本许多地方都开辟了牧场，最好的马往往来自日本的关东和北部地区。马非常昂贵，能够值半身铠甲。在14世纪，每匹马大约值四分之三判金（约值3000～4000美元，也就是1500～2000英镑）。它被当作财产对待，当然也有一些士兵在需要时会卖了自己的战马。人们通常会将战马毛色染成深红色、紫色、黄绿色和蓝色，还要在马身上披上条纹类的饰品，突出马的高大。还有一些指挥官喜欢在马身上铺上虎皮马鞍进行炫耀，这些虎皮马鞍非常昂贵，需要从亚洲大陆进口。

一匹披着虎皮马鞍毯的日本马。这幅画想要表达日本马的巨大力量，实际上日本马的大小只有矮种马那么大。

在初步了解了武士社会的本质后，接下来我们探讨一下在13世纪、14世纪武士们是如何战斗的。要了解武士的格斗技巧，根本的是要了解人和马的关系。

日本马的特点

和骑着它们的士兵一样，日本战马有着机智、独立和执着的特征，这要归功于它们在物种上的独立性。对于那些习惯了温顺的马的人来说，日本马就是一头脾气暴躁的畜生。日本马不会无条件执行主人的指令，但是大部分武士却能容忍它们的独立性。

那些对马依赖很强的地方习惯阉马，但日本人没有阉马的传统。正是这一点，使得早期的战场秩序混乱。公马如果被圈在小地方，就会互相打架，这个时候，如果出现发情期的母马，就会使情况更加糟糕。对于骑着一匹脾气暴躁的公马的倒霉武士来说，敌营里如果有一头发情的母马，那么结果将是灾难性的，他要么下马，要么就会孤零零地身陷敌营之中。

日本马是蒙古马的亚种，但也有专家认为，日本马与原始马，比如欧洲野马的关系更为密切。实际上，按照现代物种分类方法，日本马可能不应该称之为"马"，因为这种身高最大不过140厘米的动物，应该被划入矮种马之列。源赖朝的坐骑很高大，但也不过142

【马上武士】

欧洲野马是一种原始的马,现在已经灭绝,它与武士时代的马很相似。

马的个头矮小,使战场上许多人处于不利地位。藤原国平体型很大,因而无法熟练驾驭"北日本最快战马"。藤原国平是北藤原家族的子孙,他的家族在平泉城统治出羽和陆奥长达四代。我们不知道藤原国平的准确身高,只知道他的母系亲属身高超过1.8米。但他可怜的战马直立高度只有1.41米,虽然在日本马中算是体型较大的,但实际上只是匹小马,以至于藤厘米,勉强达到马和矮种马的分界线。即使如此,这样的坐骑依然少之又少。考古发现的一处14世纪马冢显示,大部分马站立起来只有130厘米,最小的马甚至小于109厘米,只有驴那么大。相反,大部分阿拉伯马站起来约在152.4厘米,纯种马甚至超过162.56厘米。

矮小的体型也解释了为什么日本马不能像欧洲战马那样身披沉重的护板。在14世纪,或许能看到给马戴上锁子甲,但是到了16世纪,有些大名,例如北条家族,就命令骑兵给马裹上铠甲。没有人试图用长矛决一死战,也没有人试图用马踏平敌人,事实上,他们的战马无法也没有能力这样做。马蹄也没有马掌的保护,直到18世纪中叶,由荷兰人将欧洲的知识传入,马掌才出现。相反,马佩戴的是桔草做的马鞍,对马掌没有什么保护,而这种马鞍甚至和驾驭它们的武士们的装束

一场流镝马射击比赛,射手骑在飞驰的骏马上射击一侧的数个木头目标。这样的比赛已经有几个世纪的历史了。和纯种的日本马相比,图上的战马要高大很多,在19世纪,日本军方下令提高日本马的个头和力量,提高的方法是将其与欧洲军马进行杂交。

图解世界战争战法：日本武士（1200—1877年）

原国平每次骑它登上平泉城最高山顶时，这匹马都大汗淋漓。1189年8月10日，藤原国平由于在战场中没有驾驭好马，羞愤战死。

相反，女性骑手由于比男性轻，比男性灵活，因此有一定的优势。作为武士的家眷，她们也学会了骑马，我们能找到她们骑马与男人并肩战斗的证据。《平家物语》中记载了一个叫作巴御前的女人，她也是日本最著名的女性武士。有人说巴御前是虚构的，但是可信性更高的文献也记录了女性参战的事情。有文献记载，在1351年，一支主要由女性骑兵组成的部队，在日本关西参加战斗。此外，一些专门为女性制作的铠甲，还一直留存到了今天。女性参战并非特别普遍，但也不是特别令人惊讶。

战斗中的速度

日本马腿短而粗，无法快速奔跑。日本NHK公共电视台在1980年做的一次试验显示，一匹军用矮种马，载着一个全副武装的士兵时，奔跑速度不会超过9公里每小时。这次试验选用的是身高130厘米、体重350公斤的矮种马，背负95公斤的重量，其中铠甲和马鞍45公斤，骑手50公斤。这匹可怜的矮种马，即使是最快速度，也只能算慢跑（canter）而已，虽然如此，这样的步速也无法保持，最后成了小跑。Canter这个词，常常用来形容战马在战斗中的步速，但是很少用来表示"疾驰"的意思。今天的日本矮种马可能与它们的祖先不同，但是在我重新建构过去战斗时，这些马缓慢的速度应该被考虑进去。只有很少时候或者说死生之地，一群武士们才会疾驰，而在大部分时间里，

蒙古英雄成吉思汗的军队在草原上驰骋。这些马在体型上与日本武士们所用的马相似，都出奇地小。尽管体型很小，但是蒙古马却善于奔跑。这一特性可以帮助我们解释为什么蒙古射手射得如此之准。

MASHANG WUSHI 【马上武士】

巴御前,一位著名又神秘的女武士,创作于13世纪的《平家物语》里提到过她。

图解世界战争战法：日本武士（1200—1877年）

他们都是骑着马在战场上小跑着或者慢跑着爬山。这样的慢速度，似乎不会让战争发生戏剧性变化，但也使得射击更加准确。

这些慢马也有优势。它们善于攀爬崎岖地形，而这一点很重要，因为日本80%是山地。在1184年一个非常重要的事件中，源义经在一谷战斗中，带领一小队人马翻越陡峭的山崖，出其不意地击败敌人。腿长的战马是无法那样下坡的。

和同族——矮小的蒙古马一样，它们跑动很平稳，不会颠着骑手，这样骑手们就可以准确射击，这是日本马的第二个优点。虽然慢跑的速度和疾驰相差甚远，但是耐力更好，和那些颠簸的小跑相比，更适合射手进行射击。慢速度还使它们避免陷入恶劣的地形，例如泥泞的稻田。但它们也不是不会摔跤，冬季在雪上行走时，会踩破地下的冰层，从而陷在沼泽、稻田和河流之中。

马鞍和马钉

对马钉的分析表明，武士们更看重马鞍的稳定性，而不是马的速度。马，当然也包括马鞍，是射手们对敌射击的固定平台。马鞍也可以保护骑手的下肢，但是马鞍这种又沉又大盒子一样的东西，架在马背上，根本没有考虑马是否舒服。大部分马鞍都是漆过的，也就是说用从植物中提取的树脂涂抹过的，这些植物是和有毒常春藤一样的物质。这种树脂使木头的硬度变高，不易腐烂，这也就是为什么武士的铠甲片也是用漆过的木头做成的。漆器还

《平治物语绘卷》中的一个人物。这个士兵身着鲜艳的铠甲，铠甲由漆片组成，由红、黑、黄的丝线串在一起；最耀眼的是他手里的金刀、镀金装饰的头盔以及闪亮的护腿。虽然他的着装很华丽，但他没有佩戴将军的头饰，因此不能将他和将军混淆。

有个优点就是美观，漆干了以后成为平滑的黑色的物体，可以用金银装点。

这些马鞍结构复杂，需要花上点时间才能在马背上安放好。首先将马鞍毯放在马背上。这些毯子可以是稻草，也可以是皮毛，甚至是从朝鲜和中国进口的奢侈的虎皮。

藤本信实在《随身庭骑绘卷》中，准确描绘了已经禅位的后嵯峨天皇和侍卫的活动。他详细描绘了马的饰物，例如马的肚带、胸带、后带，以及马镫、马嚼和马缰绳。

毯子上面是木头框架，也就是马鞍，用麻绳捆紧。马鞍分成两边，同时两侧侧板平行放在马脊背的两侧。两块榫板将两块侧板前后固定住。这些榫板被称为前鞍，和鞍尾一起组成一个完整的马鞍。

马鞍毯除了和木骨架固定在一起外，还通过一条皮带与马腹固定，绳子穿过马鞍毯和榫板的槽沟，紧紧固定在一起。在鞍带结的上面，也就是在木质骨架的上面是坐垫，通过马鞍毯和木框的孔，利用绳子将其与马镫相固定，坐垫为皮质。他们还用丝绸或者折叠的纤维物，将前鞍与马的前胸固定在一起。马胸前的带子需要与马尾的带子相搭配。后面的带子则主要是将马鞍的后桥与马的臀部和尾巴根部相固定。

所有的缰绳，都是由麻、折叠布或丝绸做成，而在欧洲非常普遍的皮质马镫，在日本却很少出现。缰绳主要

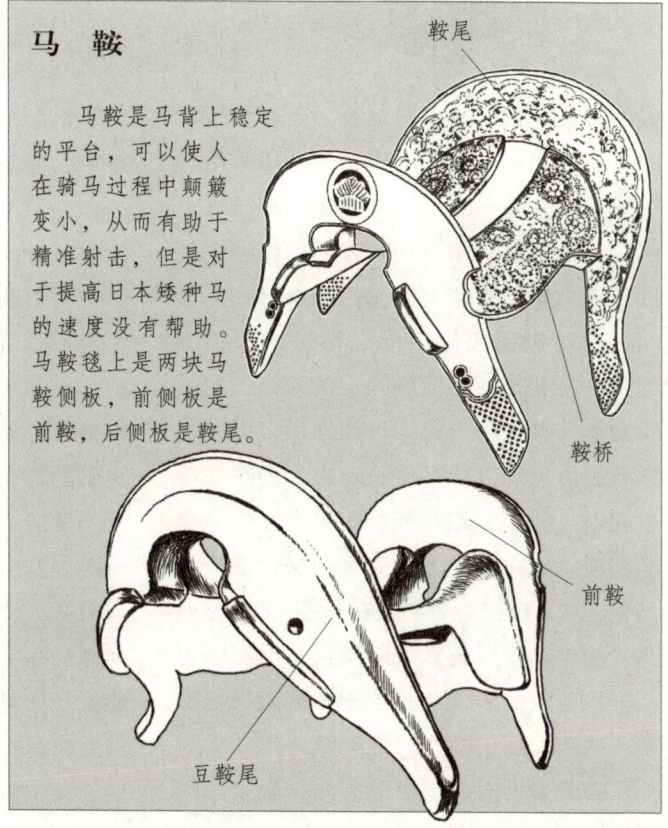

马鞍

马鞍是马背上稳定的平台，可以使人在骑马过程中颠簸变小，从而有助于精准射击，但是对于提高日本矮种马的速度没有帮助。马鞍毯上是两块马鞍侧板，前侧板是前鞍，后侧板是鞍尾。

图解世界战争战法：日本武士（1200—1877年） TUJIE SHIJIE ZHANZHENG ZHANFA

马　镫

马镫是骑兵另外一个非常典型的装备，在日本有很长历史，早在4世纪就有人用简单的金属环当作马镫使用。军用马镫形同杯子，由漆木制成，底部向里凹，从而使大部分——如果不是全部的话——脚可以固定其中。这样的马镫可以让骑兵轻松站立，下马时几乎不可能崴脚，也不会被失控的烈马颠下马。马镫的"鸽胸"，可以保护脚趾和前脚掌不受伤。总之，马镫的厚度和马鞍的深度，也是对骑兵的保护，此外骑兵的上身还穿着独特且有效的盔甲。

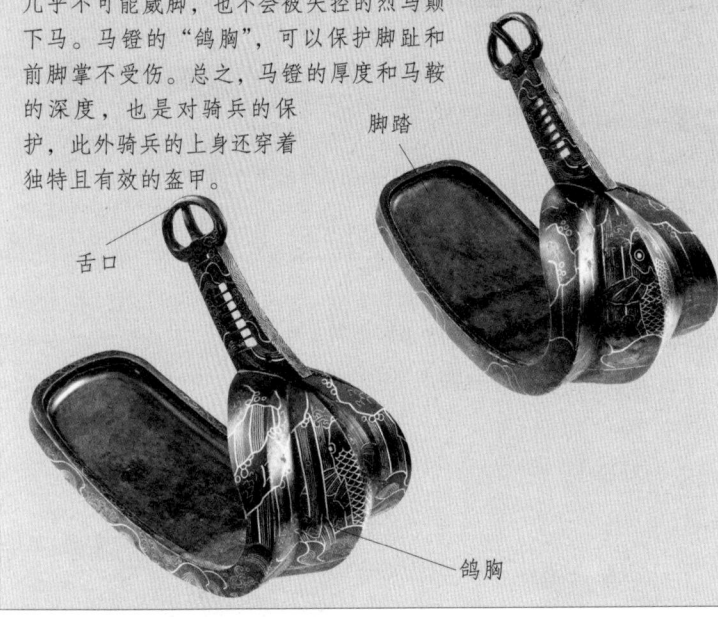

舌口　脚踏　鸽胸

有两种：一种是连接马笼头，下马步行的时候牵马的；一种与马嚼相连，用来给马引导方向的。马的行进主要由套在马嘴上的马嚼来控制，用于控制方向的缰绳直接固定在马嚼的支架上。无论是谁，在上马时，都会勒紧用以引导马行进的那条缰绳——也就是与马前胸固定的缰绳，尔后攀爬上马鞍坐垫。第二种缰绳用以引导马转弯，也可用以让马停止前进。但在战斗过程中，骑手要想在马背上射击，要么很牢固地固定在马鞍上，要么很松弛地骑在马鞍上，只有这样才能在行进中瞄准射击。这个动作看起来危险不大，但实际上由于马前进的步伐比我们想象的要随意得多，从而增加了动作的危险性。

骑马射击时，射击的方向一般是两侧或马后方。尤其需要注意的是，马头的附近不能有东西晃动。如果是缺少经验或者惊慌失措的骑手，战斗时抽出战刀，很可能会坠马。成书于14世纪的《春日权现骑起绘卷》（*Kusaga Kongen Kinki*），就描绘了使用长兵器的骑兵，比如木杆前段捆绑弯刀（也称为薙刀）或称为"熊掌"的钩子，这说明对于技艺精湛的骑兵来说，有时也会使用手持兵器进行战斗。

马上武士的铠甲

大部分日本早期的铠甲，主要是用来防止被箭射的，因为在13世纪、14世纪战争中，弓箭依然是最主要武器。典型的武士铠甲，可以非常好地保护马背上的武士。这种铠甲体积大，像盒子一样，宽松不合身，而且还配了一个披挂，披挂悬挂在马鞍之上，从而对骑兵进行进一步保护。而在背面，骑兵的腿和脚则很少需要保护，正如我们所看到的，马鞍本身就是盔甲的补充，可以保护武士的下身。

灵活、轻巧，但又要全面保护，是任何时候装甲防护都面临的两难问题。不同的时代、不同的文化，有着不同的倾向；同样的，不同的武器也对铠甲提出不同的要求。如果强调保护作用，那么必须多使用金属材料，牺牲轻便和灵活的特性。例如，在中世纪欧洲，十字军时代非常盛行

大 铠

　　图中为日本德川幕府末代将军——德川庆喜，在1860年送给英国维多利亚女王的大铠复制品，由增田晴宗制作。增田晴宗制作的这个铠甲，运用了许多漆木片串在一起，这种做法与早期的盔甲是一致的。此外，胸前也有一个盒子状的部位，用来保护胸部。另外还用了一些古老的部件，例如膝铠、襟回和臂覆等。头盔有一个很显著的犄角形"立物"，脸的两侧立着两个"吹返"。然而，增田制作的盔甲并没准确按照历史样式复制。那个吸引眼球的面具，其实在早期是不存在的，用来保护脖子的咽喉轮也是如此。在这具盔甲中，用来保护上肢和肩膀的"垂"是活动的，但在实物中是固定的，作用同盾牌。此外，用来保护下肢的"草摺"没有复制品这么长，也没有这么蓬松。

立物
吹返
咽喉轮
垂
草摺
佩楯
臑当

胴

襟回　　当世袖　　臂覆盖　　膝铠

图解世界战争战法：日本武士（1200—1877年） TUJIE SHIJIE ZHANZHENG ZHANFA

锁子甲，但即使是这样轻便灵活的铠甲也有缺点，弗莱德里克·巴巴洛萨（1122—1190）1190年在阿纳托里亚率领一支军队时，竟然在塞勒费这条水深不及腰的小河里溺亡。尽管有弗莱德里克的前车之鉴，但是欧洲人还是喜欢重型装甲保护，最终用重型金属铠甲替代了锁子甲，而代价则是移动能力大为受损。

然而，到了15世纪，这些弱点不断凸显，就像1415年阿金库尔战役中那样，越来越多的骑兵坠马，跌入泥淖之后根本爬不起来。此外，对手身着轻铠甲，手拿阔刀，可以从重铠甲的接缝处刺入，给这些骑士们致命一击。

气候因素

除热带外，日本是最潮湿的地区之一。雨季很长，再加上台风的光临，使日本每年的降水可以达到170厘米，是世界平均雨量的2倍，九州一些地方的降水甚至可以达到229厘米。在这样潮湿的环境下，铁很容易锈蚀，因此那些4世纪、5世纪的早期铠甲，现在已经成了古墓中的一堆锈铁，有些用松香涂抹的铠甲还幸存了下来，现在的一些博物馆中有复原品。在日本，武士的铠甲常常被称为大铠。它如罩型，"垂"很特别。护甲由数千片小木片制成，用漆涂抹，最后用亮色的布编织在一起。而在胸部的漆木片，为了增强抗击打能力，常用金属片进行强化，保护胸部免遭致命威胁。

用来编织护甲片的布颜色很多，最常用的是红色和白色，而从颜色的搭配上就可以看出其家族特征。和锁子甲或金属装甲不同，大铠受损后，能够在战场进行快速编织修复，如果需要还可以增加护甲片。由于大部分护甲片

胴 丸

胴丸是一种简化了的铠甲，主要是系在人的背上。和老的铠甲一样，胴丸也是由小的漆片编织而成，但是没有蓬松的那么大。这种样式在14世纪后盛行。有的胴丸有垂，有的没有。注意咽喉轮和头盔上的装饰，头盔用了立物进行装饰，而立物的使用也并不局限于将领们了。

都是木头涂以油漆制成，因而能够经受雨水的洗礼，表层不会被腐蚀，也不会寄生跳蚤和虱子。

正如德川幕府官员金泽贞明在书信中写的，最好的铠甲出自京城。我们可以这样对它的价值有个感性认识，大铠的价值是一套简化版盔甲的4倍，是一把战刀的8倍。制作一套铠甲需要两年时间，使用2000~3000片护甲片进行编织，当然紧急情况下，一年也能完成制作。在需求量很高时，特别是14世纪，一些盔甲直接由皮毛制成。

"垂"是这类铠甲的典型特征。它们是可拆卸的护具，骑兵射击时可以保护自己的侧面。从一些绘卷中，我们可以看

乌帽子

乌帽子是成年人必备的头具，佩戴乌帽子代表已经进入成年。不管是贵族，还是士兵，或是普通人，都佩戴乌帽子。它们由染过色的丝绸制成，许多还少量地涂了一层漆。从12世纪开始，不是贵族的人开始戴软一点的乌帽子，但15世纪以后，直立且坚硬的乌帽子开始流行。后来的一些头盔样式，也仿照了折叠或直立乌帽子的样式。

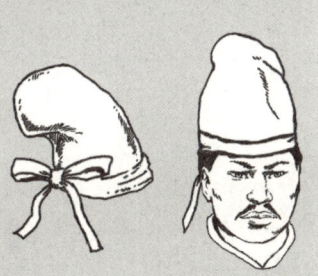

到，常常有箭插在这些盒子一样的东西上面。骑兵只有在骑马时才着大铠。徒步作战时，这些大袖子发挥不了什么作用，甚至会拖战斗的后腿。

头部保护

头盔，日语称为兜，一般由铁制成，脖子和脸面两侧部位由两块重叠的护甲进

这幅图选自《蒙古袭来绘词》。从中可以看出，并不是所有武士都在头盔下穿戴乌帽子，中间这个人的形象表明，战争发起时他们的家族没有佩戴乌帽子的传统。左边这个人已经身着非正式的铠甲，只有笼手保护左手。3个坐着的士兵都穿着皮毛沓。

图解世界战争战法：日本武士（1200—1877年）TUJIE SHIJIE ZHANZHENG ZHANFA

整装待战

袍 子

简单的袍子——直垂——通常穿在裤子的里面，由2根绳子系在膝盖以下。在袜子外面，套上草鞋。这种鞋在14世纪逐渐流行，因为它们不像皮毛沓那样可以寄生跳蚤和虱子。最后穿上小腿护甲。

护 甲

绑好草摺，用来保护双腿，戴上笼手，胳膊套上护垫，然后将护甲套在肩膀上，用很复杂的打结法固定好。

武 器

最后披上垂，佩上战刀，戴上咽喉轮以保护下巴，然后在头上裹上幞头，固定好面罩，最后戴上头盔。插图中的护甲和行头主要出现在15世纪和16世纪。

MASHANG WUSHI 【马上武士】

图解世界战争战法：日本武士（1200—1877年）

行强化。如果相信文字记载的话，那么我们就会把这些串在一起的护甲片和头盔混为一谈了，但它们的保护性很好，特别是能够很好地保护后脑勺和脖子。头盔的前部还有一个帽舌。头盔非常重，以至于著名的武士们只有在上战场前才会佩戴它。还有一种专门帮主人拿头盔的仆人，他们负责举着头盔。有时，士兵们还会互相交换头盔，这样他们的战斗行为就能更好地被发现出来。

头盔衬垫到了14世纪才出现。在此之前，人们戴一种叫作乌帽子的软帽，有一些武士还喜欢将乌帽子的帽尖从头盔顶的小孔中伸出来。当然也有例外。根据

幞头是14世纪比较流行的装具，用以保护额头和脸颊。但它的最大缺点是无法保护脖子和下巴。到了14世纪，这种装具被咽喉轮所取代，后者只用来保护脸以下的部位。

《蒙古袭来绘词》记载，川野家族的武士就夸口说，他们不会在战斗中穿戴正式的乌帽子。有的人喜欢在头盔底下戴上折叠小帽。战场中，对头部的充足保护是非常有必要的，否则对头部的猛烈打击很可能使武士昏厥，从而在战斗中处于不利处境。

头盔上的两个犄角——也被称为立物，据称可以赐予穿戴者神秘力量，这也就是为什么一些著名的武士会佩戴它。它们除了彰显佩戴者的地位外，没有什么实际作用。将领们有时甚至佩戴更为精致的头饰，立物下面常用狮子图案作为装饰，这一点可以从13世纪《平治物语绘卷》中源赖朝的绘画中见得一斑。立物的功能是装饰，主要用金或铜制成，并且精雕细琢。

幞头是一种早期的佩戴物，用于保护前额和脸颊，使用时一般不再穿戴头盔，但这样效果不好，因为包括咽喉在内的很多要害部位都没有保护到。到了14世纪，随着战争不断扩大，一种被称为咽喉轮的保护咽喉的物件出现了，大大减少了咽喉被敌伤害的概率。咽喉轮的出现对于铠甲的更新换代同样有益，因为它直到14世

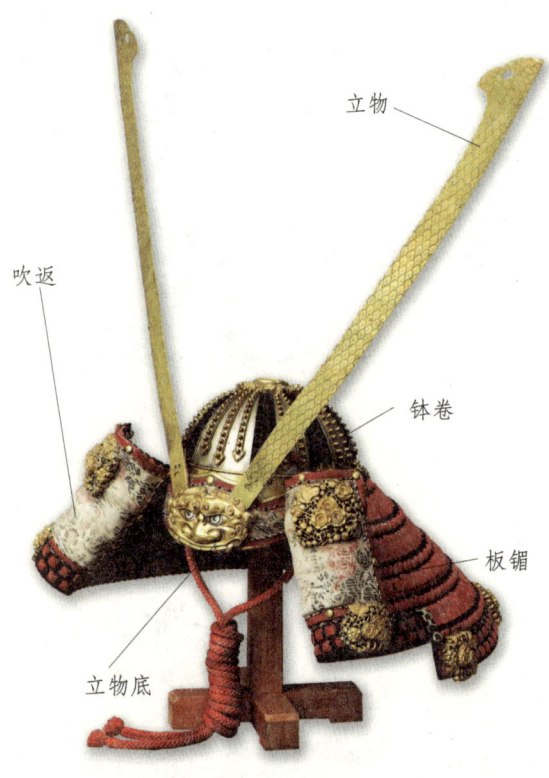

12世纪、13世纪将领们使用的头盔样式，它的立物很大，立物底和吹返做工精细。有很长立物的头盔，常常用于祭祀神灵使用。然而，这件复制于19世纪的头盔，有着如此长的立物，事实上没有哪位指挥官曾用过如此长的立物。

纪才出现。有些士兵，例如三浦，用金属片将头包裹住，将脸颊、喉咙都包起来，只在眼睛和脸部留下很小的空隙，然而这种使用金属片防护的做法没有流行开来。护甲方面的这种创新，降低了脸部的伤害。这一点我们可以从14世纪士兵的请功书上记录的战伤情况找到端倪。从1333年至1338年间的战伤情况看，脸部战伤占10%，但是在1352至1392年间，这一比例下降到了2%，其中反映出巨大的进步。

头盔的另外一个弱点，是它无法有效防护脑震荡。因此，当时战斗中就出现了这样一种战法，用石头或大刀（14世纪）猛击敌人的头部，因为敌人脑震荡或者即使轻微头晕眼花也非常容易被杀死。因此，当时人们在头盔里使用大量的折叠的皮毛衬垫，在战场上可以有效防止脑震荡和失去意识。

护甲和气候

此时的护甲对于手和脚保护不够。直到14世纪，64%的战伤发生在胳膊和腿上。然而，随着护甲的发展，对腿部的保护有了改善，但是对胳膊的防护少有改进。一开始，铠甲并没有用来保护腿部，因为没有这个需要。士兵一开始在马上作战，马鞍和马镫发挥着保护的作用，因此不需要铠甲进行保护。从《蒙古袭来绘词》中可以看到，有的人穿着皮毛沓，但到了14世纪，人们只是穿着简单的草鞋。一些步兵也穿着这样的草鞋，然而也有些人直接光着脚。大部分人的脚几乎没有保护，身上也就是穿着单薄的袍子。马鞍、马镫以及低垂的披甲，这些就已经足够了。

四肢保护

到了14世纪，特别是1355年之后，腿部防护得到了提高。从1331年到1355年，武士们所受的战伤中，平均有37%发生在腿上。但是到了14世纪后半叶，这

武士的头盔和头伤

除了脸部外，武士的头盔可以对头体进行全方位保护，但是面对百步穿杨的对手，这点空隙也是致命的。有关战争的记录都显示，那些垂死挣扎的伤兵，脸部和脖子上都伤痕累累。任何这样的战伤，都会使士兵血流不止、虚弱不堪，即使是在前额或脸颊上擦了一下，也会导致大量的流血。根据一些画卷的记录，受伤的士兵一般会被护送撤出战场。眼睛中箭，即使箭头没有插进很深，也会重则死亡，轻则致盲。喉咙或者颈部中箭，则更加危险。

图解世界战争战法：日本武士（1200—1877年） TUJIE SHIJIE ZHANZHENG ZHANFA

一数字下降到了27%。腿部护甲的改进，是这一数字下降的原因。到了14世纪，特别是将领和富裕的武士们开始使用金属片或者编织的漆木护甲片来保护大腿。在14世纪师明亲王的一幅肖像画中，就曾出现过这种护甲的样子。这种灵活的腿部护甲又称为佩楯，在15世纪、16世纪不断流行开来，对于保护大腿非常有用。

臑当比锁子甲使用更普遍。人们最早可以看到的臑当出现在13世纪，但后来得到了很大改进，主要是包裹住了小腿的后部，而不是整个小腿。它最初的样子是一整块窄金属板，两边有伸出的边，这样金属板就可以对小腿侧边进行保护。但随着时间的推移，腿部护甲越来越完善。到了15世纪，护腿已经演变成了坚实的金属板，板与板之间还有接缝，这样两条腿的前后都可以保护。最后来的护腿可能就是一块接近圆形的金属，或者有四个可以开合的铰链，这样腿的前后左右就可以得到全方位保护了。

士兵们对胳膊和手受的箭伤不以为意，这也就是为

护腿在13世纪、14世纪越来越普及。最开始，它们只是用来保护腿的前部。有时还可以凑合用来当作头盔使用。插图中，竹崎季长的护腿做的头盔正从头上掉下来，同时，他也没有穿戴可以保护手部的笼手。

【马上武士】

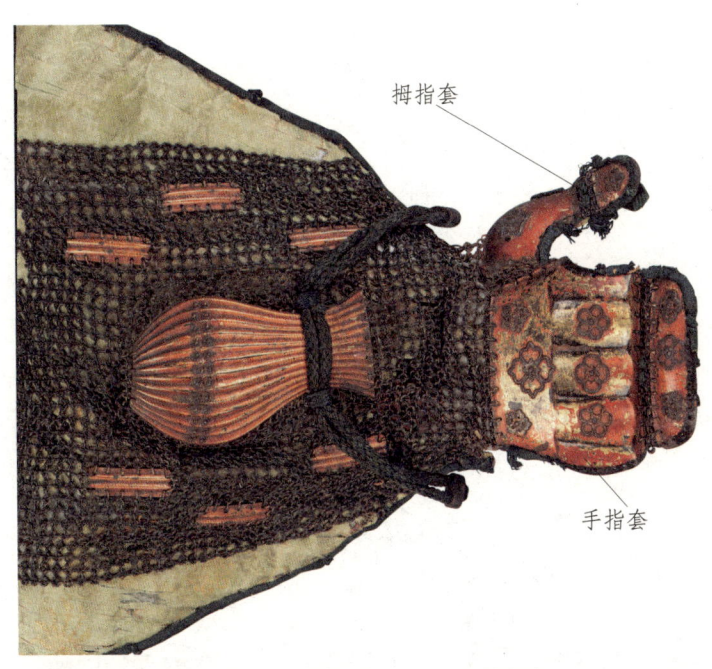

拇指套

手指套

笼手是铁丝和纤维物编织在一起的一种手套。随着铠甲不断简化，护肩使用也越来越少，笼手也就越来越有必要，也变得更加精致。最早的样式只保护手的上部，但是16世纪后期的笼手，不仅保护胳膊，而且越发精细，可参见左图织田使用过的笼手。请注意图中的手指套和拇指套，这是典型的16世纪样式。有人将早期的笼手形容是鲶鱼头。笼手上面那个葫芦一样金色的装饰物，是织田笼手的典型特征。

臂铠笼手的样式最接近早期的笼手，其样式简单，像鲶鱼头一样将手包裹住。这种笼手用绳子在手腕处缠住，中指处有孔。16世纪出现的更加精致的笼手，可以保护胳膊的上部和下部，装饰也十分精细。插图中是16世纪几种笼手的样式。

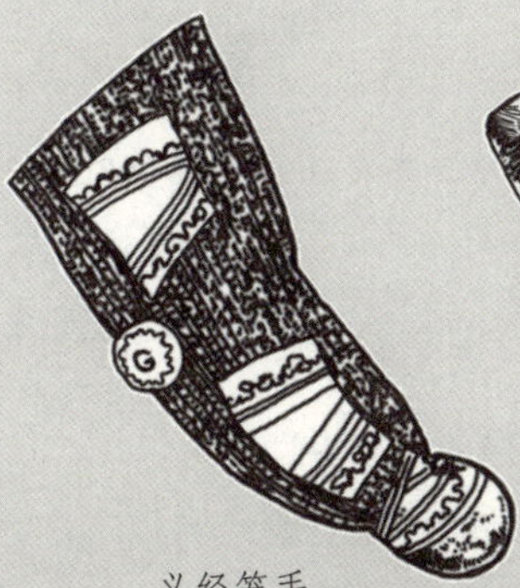

义经笼手

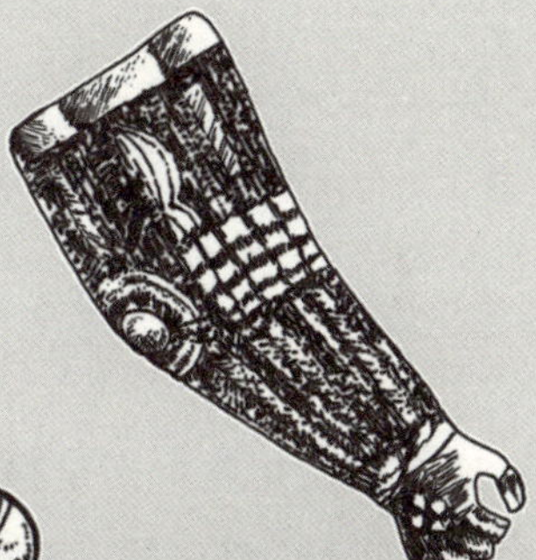

筱笼手

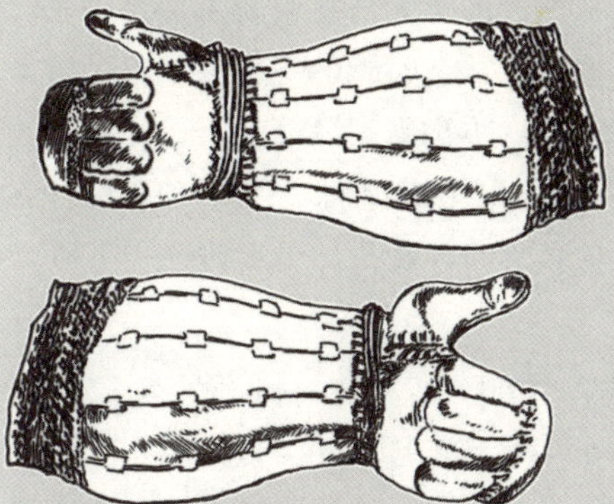

筒笼手

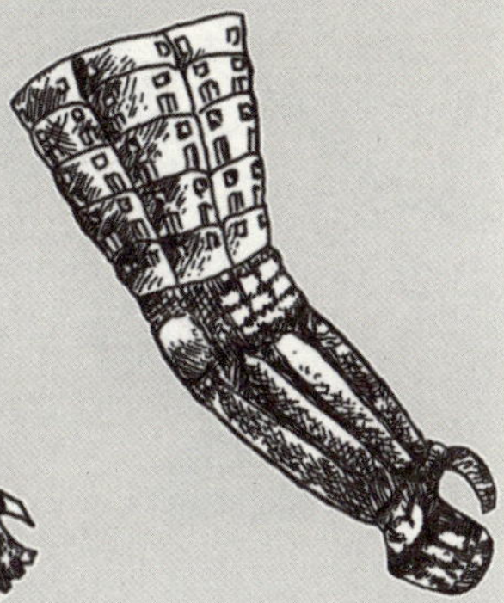

毘沙门笼手

图解世界战争战法：日本武士（1200—1877年） TUJIE SHIJIE ZHANZHENG ZHANFA

少弐恒介的战船（上方的船）和岛津久近的战船（下方的船）与蒙古军大战。请注意这些大船侧面供桨手活动的甲板，以及每一位指挥官的旗帜。只有半数人戴着头盔，其他人戴着乌帽子。

什么对四肢的防护相对无足轻重的原因。一种由折叠的布串在一起，里面嵌有小铁片的东西，被称为笼手，它可以保护手和胳膊的背面。在很多情况下，如果士兵的胳膊、手或手指中箭，用不了几天他们就能回到战场。一些射手只在左手戴着这样的链条状的护甲，或者戴在拉弓的那只手上。同样的，如果他们只穿一只袖子（即垂）的话，他们也会选择左臂的，因为射击时这只胳膊最容易中箭。相反，对于步兵来说，由于无法在胳膊上部穿戴垂，因此他们常常在胳膊的下部穿戴这种链条状的笼手。防止遭到弓箭袭击，是日本铠甲样式演变的决定因素。为了理解为什么这样是必要的，让我们重点研究一下弓。

骑 射

弓是武士的主要武器。13世纪、14世纪的士兵们，自称遵循着"为武之道"，但严格意义上说，应该是"弓箭之道"。这句话意味着，骑射手们是在马背上弯弓

武士们在镰仓等候开庭。早期的武士是地球上最喜欢诉讼的人，并常常卷入复杂的法律争端之中。

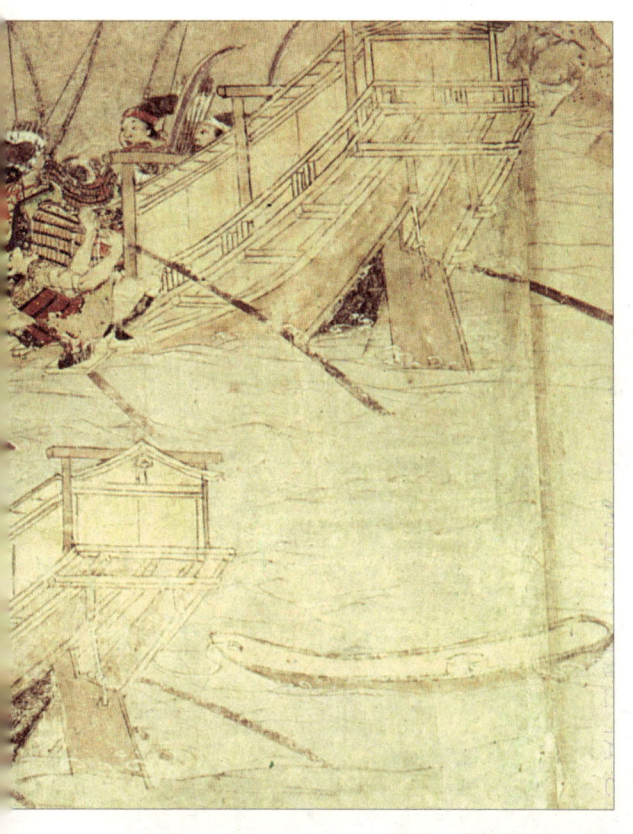

的弓射击后能够快速恢复形状，也增强了射击的力度。后来，人们又在弓的外侧黏合了长且柔韧的竹片，进一步强化了弓的性能。

使用竹子制作弓，意味着大部分制弓人都来自日本的中部和西部，因为这里是日本主要的竹产地。最好的竹子来自日本中部，这里气候比西南部的九州寒冷，寒冷的地方生长的竹子要比温润的地方生长的竹子强度高。砍伐竹子一般在秋天，也就是农历八月份进行，而根据制弓师的经验，春天和秋天是黏合弓最好的时节。

箭也由竹子制成，而且都是三年以上的竹子。箭镞由铁和钢制成，箭身很长，一般插在竹筒之中。箭使用了许多种类的鸟的羽毛，为的就是使箭飞得更远更准，大部分羽毛都是捕食类鸟的羽毛。每个竹制的箭杆上都绑着3~4根羽毛。白头鹰的

搭箭的。日本的弓非常长，现在还有一些这样的弓留存下来，例如春日神社中的那柄弓长187厘米，最长的弓甚至可以达到200厘米。虽然很长，但是骑手们依然可以在马背上进行射击，其原因就在于，骑手们并不是在弓的中部搭箭，而是在接近底部的位置搭箭。这样做的原因还不清楚，但原因之一可能是这样做木弓不容易折断。现存最古老却最简单的弓，是用柔软的树枝、树苗或是乔巴木的一部分做成。后来出现了组合弓，用鹿内脏熬成的胶水，将竹片进行黏合，成为伏竹弓的内侧部分。竹子不容易折断，它所制作

源义经在一无谷战斗中，率领他的矮种马队伍，从陡峭的山体而下，取得了战斗胜利。但实际上他个子不高且龅牙。然而在后来的绘画中，比如这一幅图画，都将他刻画成骑着高头大马的全能指挥官。图中的铠甲是大铠，但是肩垂和腿部护甲却与事实不相符。

图解世界战争战法：日本武士（1200—1877年） TUJIE SHIJIE ZHANZHENG ZHANFA

　　这是1347年完成的《后三年绘词》中的一个士兵形象，这本绘词讲述的是11世纪源赖朝的战争。这本得到了足利将军赞赏的绘词，尝试着准确描绘铠甲的模样，比如这幅图中乌帽子做衬垫的头盔。早期的头盔由七八块护片组成，用大铆钉链接一起，据说像星星一样，这样的头盔因而也被称为"大星星头盔"。到了14世纪，人们开始使用小铆钉进行拼接。有的头盔用了多达36块护片，使用15颗铆钉。此外，这幅插图中还反映出14世纪的元素。图中的长弓由复合竹片制成，这种弓在11世纪并没有。

羽毛效果最好，因而也最受欢迎，其他鹰的羽毛也经常使用。捕食禽鸟的尾羽最受青睐，翅膀上的羽毛也可以使用。这些羽毛非常重要，以至于武士们将它们区分成了五类，其中最外面的尾羽价值最高。其他一些鸟的羽毛也会使用，例如天鹅翅膀羽毛或者鸽子的羽毛。但有的鸟的羽毛从来不用，例如猫头鹰、鸡和蓝色苍鹭等。另外一些装饰性更强的箭镞常用于祭祀，甚至武士的家徽也会刻在上面。而有一些做工就比较粗糙了，笔者搜集的一个双刃箭镞就是这样。箭镞长2～4厘米不等，而一些实物（也来自春日神社）显示，加上套柄，箭镞达到了10～11厘米长。

有时，铁匠们会在箭镞上签上自己的标记，笔者搜集的物件中就有这样的实物，但是这些标记并没能形成像铸刀那样的神秘色彩。箭镞通过套管插在一根空心的竹管上，这根竹管就是箭的主体。根据现存的实物，例如春日神社中藏的实物，整支箭长度可达79.4厘米。武士们通常会珍藏一些特殊的箭，并将名字刻于其上，只有在敌人的级别较高时，他们才会

木弓　　　两枚打弓

三枚打弓　　四方竹弓

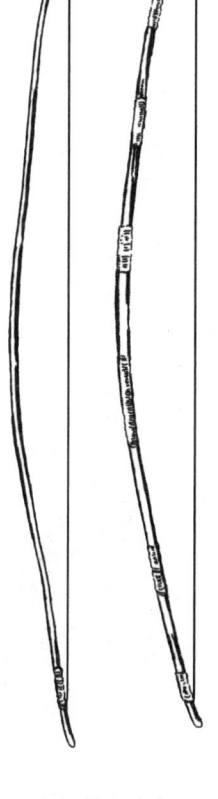

左侧是个漆木弓，右侧是后来出现的木竹组合弓。

用这种箭，从而便于记功。而对付低级士兵的箭，则没有射手的任何标记。

弓弦的强度

衡量弓弦强度的方法主要是计算拉弓需要多少人，因此有的弓的名字叫作三人弓、四人弓甚至五人弓。我们无法得知这些威力无比的弓究竟什么样子，或者说五人弓究竟存不

箭头

箭头类型多样。有的是强化钢做成的，穿甲能力强，被称为战矢，另外一些用于射击脸部或脖子的箭有双刃，主要目的是尽可能造成严重伤害，如果拔出来可能会造成更大伤害。有些带倒钩的箭头下部还有萝卜状的铁块，就在箭镞的前段。这些箭镞又被称为鸣矢，飞行中会发出一种奇怪、低沉的呼啸声，常作为战斗开始的号角。箭头的样式很多，如下面插图。

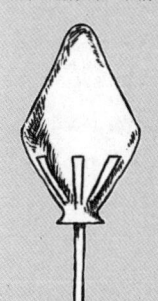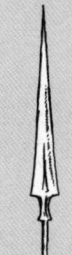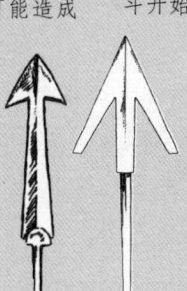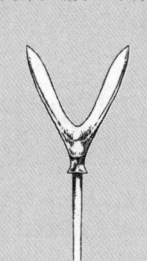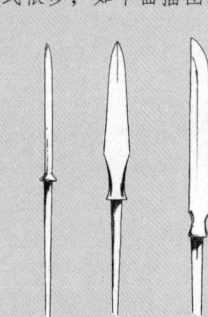

图解世界战争战法：日本武士（1200—1877年） TUJIE SHIJIE ZHANZHENG ZHANFA

狩俣

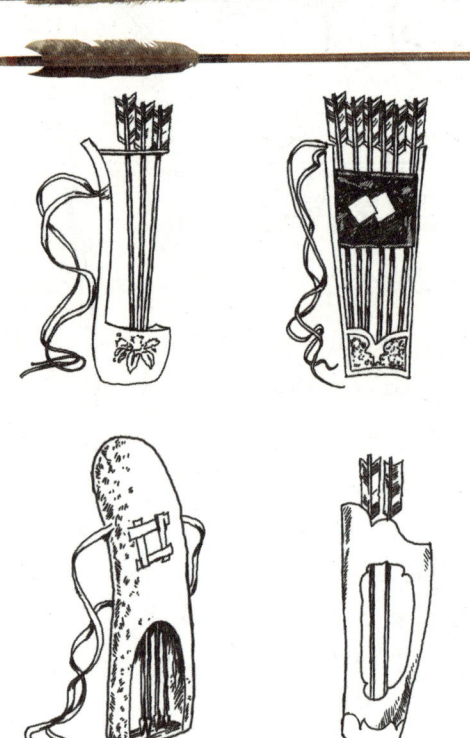

两种类型的日本箭。上面的是鸣矢，箭头是狩俣样式的；下面是普通的箭，一种战场上使用的短而薄的箭头。

一个方形箭筒中最多可以放置20支箭。除了放置箭外，这些箭筒还用来放一些食物，例如饭团以及酒这种很受欢迎的饮品，尤其是在战前更是如此。然而，随着时间的推移，这种篮子形状的箭筒，逐渐让位于那种外面用皮毛保护箭的箭筒，被称为靭，这种物件可以在师明亲王的著名画像中得以窥见一斑。其他士兵喜欢使用一种称为姆衣的布筒，来保护他们的箭，这种物件可以在《平治物语绘卷》中窥见一斑。当手持缰绳时，骑兵们常常戴上手套以保护手部。弓箭手们也需要手套，他们称为矢挂，尤其是拉弓的右手更加需要。经过强化处理的皮革，可以保护拇指和食指的内侧，事实上，有的手套其实只盖住了拇指、食指和中指，因为拉弦时，只用得上这3个手指。

箭袋的类型：上面的是箙，下面是内胆。

存在，还只是虚拟夸大之说。弓弦容易折断，也经不起雨水的浸润。因此士兵们常常携带称为鹤羽的环形盒子，用以放置备用的弓弦。

射 击

与其他弓不同的是，日本弓的手持位置并不在弓的中部，而是在下段靠下的地方。这样做的原因并不清楚，可能是因为最古老的弓由树木做成，韧性差，因此不能手握中段，也可能是因为这样握持的姿势使射手们能够拉开更大的弓。然而这样进行射击，可以减轻手的拉力，从而增加弹性，射的箭也更有威力，如果用其他握持姿势，效果可能会相反。

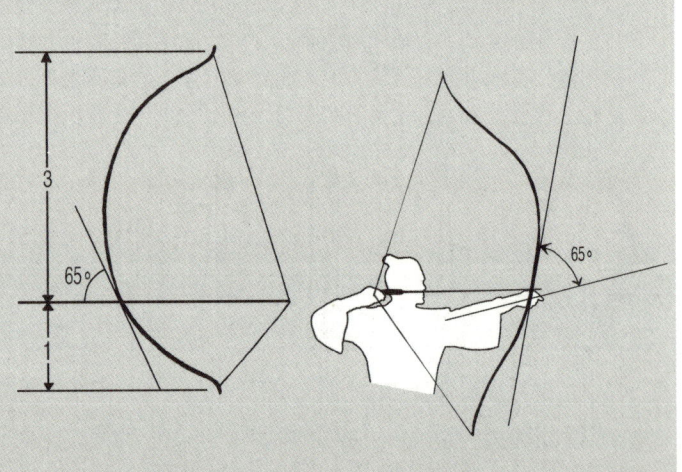

《蒙古袭来绘词》中的一名冲锋士兵插图。请注意马的缰绳是如何捆在马鞍前鞍上的,这样他就可以用两只手射击。武士们都抢着第一个与敌交战,因为在战场表现得越突出,主人的奖赏就越可能多。

骑在马背上战斗,一般很少使用刀,因此要等到下一章节我们才会分析刀,此外还要介绍骑兵是如何与步兵战斗的。相反,为了更好地了解战争本质,让我们重构一个由两队骑兵武士进行战斗的场景。

骑兵遭遇战

骑兵们都喜欢在空旷地域作战,尤其喜欢相对平坦、干燥的地形,当然,特别是在人口密集的地方,河床也是战马踱步的好地方。在文学作品中,士兵们相互通报姓名,然后一对一捉对厮杀,但是武士们之间这种简短对话,只是文学作品中叙述和阐明角色的一种传统,而非实战场景。实际上表明身份非常难,以至于一些人会找来熟人作为见证人。例如,竹崎季长在1274年抗击蒙古人时,就与他的一个同袍交换头盔,这样他们在战场上就可更加容易相互识别。

甚至在与其他国家的敌人战斗时,武士们也会在他们的弓上标记自己的名字。例如,菊池久健在1274年射中了一名蒙古将军的面部,直接造成了蒙古军的溃败。蒙古人认出了他的名字,于是在历史书上记录了这个击伤了他们的指挥官的人,而这与菊池的家谱正好契合。

一旦两军战前碰面,他们会发出战争

图解世界战争战法：日本武士（1200—1877年） TUJIE SHIJIE ZHANZHENG ZHANFA

特有的嚎叫声，首先由将军或队长大声吼出"哎咦、哎咦"声，随后部队回复"哦、哦"声，且逐次变强。每支部队都这样吼叫，而声音大的一方，表明他们的人数占优，从而在心理上占据优势。此外，一两支呼啸的箭声，表明双方即将前进。

这样的小型部队主要由技艺精湛的骑兵和灵活但却速度缓慢的战马组成。他们小跑着前进，寻找那些冲得过于靠前的敌人。这样的战斗需要很强的机动能力，关键时需要一次猝不及防的攻击。这样冲锋是有风险的，因为技艺高超的射手一旦看到敌人前进，就会掉转马头，从攻击的方向回撤。"回撤"的目的是拖延敌人靠近己方的时间，但也消耗了自己战马的力气。此外，士兵们更情愿向马背方向射击，或者向侧面射击，这样就不会惊动他们自己的坐骑。对于士兵来说，最关键的是保存他们坐骑的力量。如果敌人的坐骑已经精疲力尽或者箭已经用完，那么他就可以从背后靠近，用匕首刺死敌人。有人使用很长的熊爪钩子，可以从更远距离将敌人从马上钩下来。

对战双方的骑兵一般近距离战斗，射击时的距离可能只有20~30米。由于日本弓非常长，因此和短弓相比，长弓的箭加速慢，因为长弓本身的伸展也在消耗动能。

但这样的箭射程很远。虽然现代记录表明日本弓射出的箭的飞行距离是385米，但根据有些记录，这些箭可以飞436米。这样的远距离战斗，被称为"远弩"，其精度和杀伤能力都很差。但是，这样的弓本身蕴藏的能量，却能支撑起更重的50~70克的箭，在距离较近的情况下，这种箭的杀伤能力更为有效。只有在13~14

蒙古入侵时期的武士

日本射手以精准著称。入侵的蒙古人很显然想把这些人招致麾下。菊池久健的技艺尤为高超，他甚至射中一名蒙古将军的脸颊，从而促使了蒙古人在1274年的第一次撤退。

米的情况下,日本箭才能使敌人致伤或是穿透铠甲。在这个距离,日本弓箭甚至能够穿透特氟纶板,也就是说,即使是用铁板强化了的胸甲也依然能被穿透。同样,武士们只有在非常靠近敌人情况下,才能准确命中敌人身体上最易受攻击的面部。

为了袭击敌人,骑兵们需要从背后接近敌人,要么是沿着敌人行进方向从背后追赶,要么是从敌人后方以一定角度斜插追赶,然后从侧面进行射击。而被追的

在船上作战的日本射手和在马背上作战几乎相同。这个小船为他们提供了射击的平台。随着箭筒不断改良,大部分人会携带16支箭上战场。漫无目的地射击或者远距离射击都难以伤到敌人,这样做也是不明智的。

人,则会将坐骑转到侧面,然后向后射击,人们可以想象这些小跑的矮种马窜来窜去的场景。

组织有序的队伍具有优势,因为他们可以向各个方向射击,但是如果要击杀敌

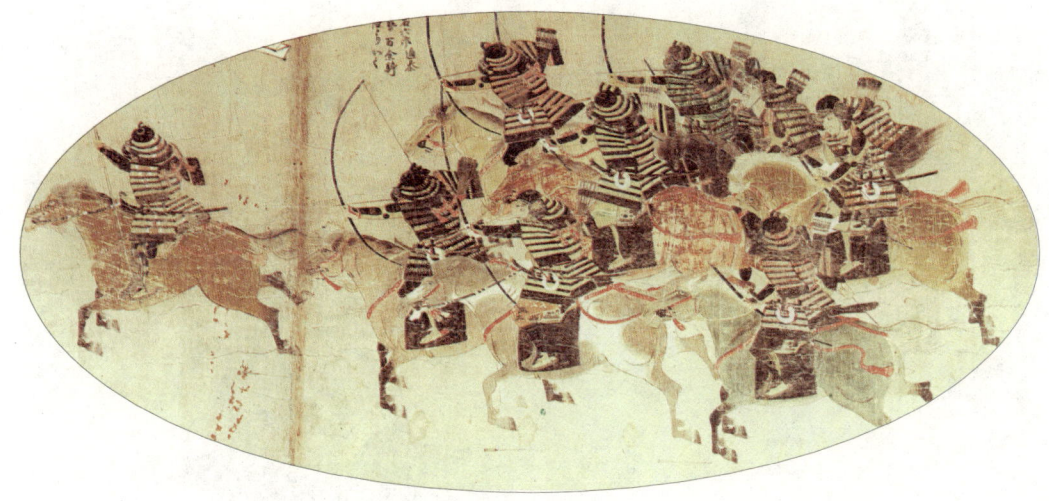

这是《蒙古袭来绘词》中的插图,反映了日本武士的强大作战能力。白石道康和他的队伍得以撕开蒙古人的防线。分散部署的步兵根本无法挡住这样一支部队的进攻。

图解世界战争战法：日本武士（1200—1877年）

人，那些技艺高超的骑兵不得不脱离团队，追那些跌跌撞撞的敌人或者那些不明智地让自己坐骑精疲力尽的敌人。

同样的，那些受伤或者失去坐骑的骑兵们尤其容易遭受攻击。一旦失去战马，骑兵们立刻险象环生，敌方骑兵会围上来然后射杀他们。只有那些幸运地跌入山谷或者到了无法进入人的地方，则可以幸存下来，他的同伴也能去救助他们。在确保自身和坐骑不受威胁的情况下，武士们是愿意帮助同伴的。

骑兵的受伤情况

虽然坐骑易受攻击，但是武士们还是离不开它们，这就使得他们很少与敌人靠近。坐骑受的伤大部分是箭伤，一般不致命。但如果遭遇的双方有长刀或者矛，那么结果将是致命的。在1333年至1338年间，战马受的伤被很好地记录了下来，从31匹战马的个案分析，大概61%的战马遭受箭伤，35%的战马遭刀砍伤，剩下的4%遭长矛刺伤。但是弓箭很少造成致命伤，14匹受箭伤的战马中只有3匹最后死亡。相反，遭刀砍伤的战马中，死亡数量超过幸存数量（15匹中8匹死亡），然而，遭长矛刺伤的战马虽然只有1匹，但却死亡了。这些有关战马的统计都告诉我们，几乎所有的战斗都有弓箭的攻防对抗。

再看一下骑兵受伤的数据，在14世纪，平均73%的战伤都是来自弹射武器，绝大部分是箭，少部分是石块。剩下的伤亡中，25%是刀伤，只有2%是长矛伤。虽然大部分战斗都是小规模冲突，但无论是步兵还是骑兵，都不愿意让自己和坐骑

论功行赏。这是蒙古入侵之战后，一名武士出具的两颗敌人头颅，这是战功的依据。一名身着铠甲的将军，检查证据，并且向武士询问问题，程序完成后，会向镰仓幕府上报战报。图中一人执笔进行记录。

冒着危险投入战斗。同样的，他们认为，如果一个人战死，那么必须给他巨大的补偿，以弥补其损失。

除了那些竭力维护自己独立地位的人，以及那些甘冒巨大风险的人外，绝大部分武士尽力在避免近身肉搏的情况下在战场出人头地。他们既要尽自己所能，又要尽量降低个人危险。因此，一些人只在军营中出现，让将领们看到他们，但是一到战时就逃之夭夭。然而，景宇治波多野记载1336年的一场战斗时表示，当时他们的处境险象环生，甚至以为自己可能会被迫自杀，这种深处绝境和战死一样也能得到赏赐。

总之，马上武士在马背上参加小规模战斗，其特点是高机动和低伤亡。在大部分遭遇中，精良的铠甲都能很好保护武士

《平治物语绘卷》中的插图，带领一群骑兵武士的源赖经位于插图的右上角。他身着红色铠甲——襆头，头盔上装饰着两个立物，象征着龙。源赖经左手持弓箭，弓箭上有醒目的黑色鹰羽。这是关于武士头领最早的也是最可靠的描绘，从中可以看出头领们一般不是位于队伍的排头，而是在队伍的中间。将军们地位过于重要，以至于不能直接参加战斗。铠甲的类型和13世纪晚期的类型相似。

们，再加上弹射武器的攻防以及铠甲和战马的成本，使得只有最野心勃勃的武士才愿意冒着自己和坐骑生命的危险直接与敌对战。

一旦家乡遭敌威胁或者遭敌洗劫，那么战争就需要不同方式，因为占领土地和击败敌人都需要采取风险更高的战术，伤亡也更大。这就导致手持的兵器越来越多，步兵战斗的重要性不断增加。

第二章

步 兵

内战的爆发，使得武士们不得不冒着更大的风险。有些人自愿如此，因为那些在内战前期战争中受伤的士兵可以夸耀战功，期待更多的赏赐。但除了那些奋不顾身参加战斗的武士之外，也有一些人则如履薄冰，为的就是不管哪一派取得最后的胜利，都要保证自己的家族能够繁盛下去。

如果我们比较一下1333—1338年的元弘、建武叛乱之战，以及1467—1477年的应仁之乱中的伤亡数据，我们就会找出它们之间的一些共同之处。肉搏战不断增加，在1333—1338年战争中，冲击兵器（主要是刀，偶尔是长矛）造成了30%的战伤，超过了

《平治物语绘卷》中一群弓箭手的插图。

图解世界战争战法：日本武士（1200—1877年）

1339—1392年战伤的平均值，而在1467—1477年的战斗中，长矛和刀造成的战伤达到了40%，这一数字一直延续到15—16世纪。（出于分析的目的，我们将长矛和刀造成的战伤视为一类，区别于弹射武器造成的伤害）这一时期的死亡率也远高出其他时代。1333—1392年的所有战死记录中，60%发生在1333—1338年。

但这些数据并不能说明，绝大部分战伤是由刃类武器（如刀）造成的，因为即使在刃类武器的鼎盛时期，也只有三分之一的战伤由其造成（1333—1338年及1467—1477年，这一数字为35%）。在一些激烈程度较弱的战斗中，这类武器造成的战伤仅为四分之一（14世纪为27%，应仁之战后为25%）。早期用骑兵的数量表示一支部队的规模，但是到了14世纪中叶时，文献记载，当时有一支军队由60名骑兵和50名步兵组成。

然而我们在第一章就已经提到，在日本内战时期，弓箭造成的战伤占总数的三分之二到四分之三。总的来说，四处游击寻找战机的战法，比骑兵之间激烈对抗的战法，对战争的影响更大，因为步兵们（也称为足轻）可以安全地坐在敌人无法

一名制刀匠人正在磨刀。这是一项极度细致的工作，一不小心就会损坏刀刃，或者让刀的锻造线出现模糊，这些都有损刀的价值。

BUBING 【步 兵】

腹 卷

正面视角。腹卷是骑兵们所穿的大铠的简化版,不再像大铠那样宽大,价格也只有其四分之一。两种铠甲最大的区别是,大铠的襟回(绑在右胳膊下的一块独立的护板)已经放弃,以前层层叠加的护甲,现在已经捆绑固定在一起。腹卷的袖子是可选装的,但武士们通常还是使用护袖的。

可拆卸的护袖又称为大袖,主要是保护胳膊上部的。它们更多是为了保护胳膊上部免遭撞击,而不是作为可拆卸的护甲,而在早期,护袖的主要功能是作为护甲使用。腰拔在14世纪、15世纪开始出现。腰扎由小的增强型漆木片组成,从13世纪以来一直是用彩布编在一起。片上是将盔甲吊在肩膀上的固定物。草摺主要用来保护大腿。

片上

大袖

腰扎

草摺

图解世界战争战法：日本武士（1200—1877年） TUJIE SHIJIE ZHANZHENG ZHANFA

进入的山坡上，也可以藏在屋顶，向附近的骑兵放冷箭。

散兵包括骑兵射手和步兵射手两种。我们已经探讨了骑兵射手的战斗方法。让我们现在研究一下步兵是如何战斗的。步兵们靠的是自己的射击术，而且所穿的铠甲要比骑兵轻。相比大铠，他们更加喜欢胴丸和腹卷，这两种铠甲都没有肩板。

简化了的铠甲

简化了的铠甲被称为腹卷，它与大铠几乎同时出现。这种铠甲缺少一种补充性的护甲——被称为襟回，没有和铠甲的躯干部分绑在一起，相反，它只有一块护甲，然后在右侧系起来。这种铠甲结构简单，身体适应性好，其价格也只是昂贵的大铠的四分之一。一些经济拮据的武士比

这是一幅住友细川的画像，生动地展现了那个时代的铠甲。他穿的是腹卷。我们可以清楚地看到腹卷在右侧肩膀下系起来。尽管这是老式铠甲的一种，但是今天却被认为是铠甲的典型代表。和早期的样式不同，他的腰扎是可以拆卸的，他的头盔装饰了两个立物，固定在头盔的前侧，这和桑方立物不同。一个咽喉轮保护他的颈部。住友细川手持一柄大太刀，柄长1米，这种长度在当时非常流行，被称为长卷。他的金属兽头比以前装饰得更为华丽，上刻有足利将军和他支持的将军们的徽章，同样的，他的腿部护甲以及马具也比以前更华丽。他的腿部护甲比以前的护腿板要高级许多。这种坚固的金属腿部护甲被称为"立姿护腿"，可以保护大腿的下部、膝盖、小腿和腿肚子。战马的腰部装饰着三纹徽章，由3个相连的钻石组成。

较喜欢这种铠甲，然后在铠甲的基础上增加了"垂"和其他护甲，比如足缠和金属手套（甲手），尽管比大铠要次一点，但加了这些护甲之后，腹卷的功能就几乎和

腹卷和腹当

腹卷（左侧）可以包裹人的身体，在人的右侧下用绳子打结，将护甲叠起来捆在人身上。它比另外两种护甲（一种是本图所示的腹当，还有一种是腹当的衍生型胴丸）更为耐用，能够保护身体的侧面、背部和腿部。由于胴丸只是简单固定在人身上，没有层叠，因此它的保护性能比不上腹卷。然而奇怪的是，腹卷和胴丸这两种铠甲样式，却在16世纪逐渐混淆了起来，使得现在对这两个词的使用正好与古代相反。

腹当（右侧）由简化了的护甲组成，包括用来保护胃部和腹部的襟回。这种挂在肩膀上的铠甲，无法保护人的背部和侧部，因此只有最低级的士兵才使用。

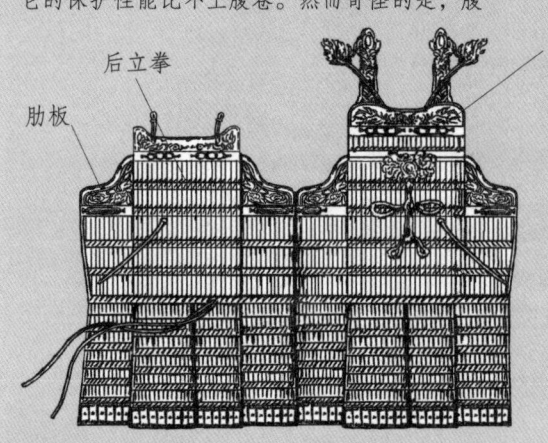

后立拳　　　　　胸板
肋板

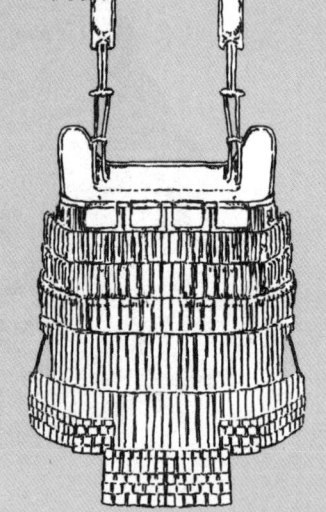

BUBING 【步 兵】

大铠相当了。这种经济型铠甲也就成为了御家人下属武士的理想装备了，而那些高级别武士依然使用更昂贵、更宽大的大铠。

然而，对于徒步作战的士兵来说，肩部护甲作用不大，因此他们选择一种更为简化也更为便宜的铠甲。这种仅具备基本功能的铠甲被称为腹当，它就是一块保护人躯干的强化护甲而已。这种铠甲设计合理，但是它的缺点也很明显，就是对人体的背部和侧部没有保护功能。

到了14世纪初，出现了一种以腹当为基础的新型铠甲，保护性更好。这种铠甲被称为胴丸，这是一种保护人的躯体的强化漆护板。一些早期的胴丸，例如尾山神社中的胴丸，仍然有护肩甲。这些古老的样式仍然是一块块小板编织而成的，也就说胴丸这种铠甲，它最初的创新之处只是在于它的结是系在背后的，而不是系在身体侧面的。然而，它没有大铠的其他配件，或许正是因为这个原因，一直到14世纪，护肩甲使用得越来越少了，比如腹卷。当然，个人根据喜好选择铠甲。有一些胴丸配备了护肩甲，但是全部使用经过硬化处理的皮革制成。低级的士兵比较喜欢这种铠甲。现在还保留下来了一件专为女性骨骼设计的胴丸，这是在1542年的日本内海的一场战斗中，一名叫作石野（鹤姬）的女人使用的。

地位高的人可以使用腹卷。胴丸都是给低层的士兵使用的，有关胴丸的最早记录出现在1271年的一封书信之中。并不是所有人都能完全理解腹卷和胴丸的区别，因此，随着时间的推移，二者区别越发模糊。从16世纪开始，从后面打结的铠甲都被称为腹卷，从侧面打结的就被称为胴丸。然而，最重要的一条就是这些类型的铠甲更加适合步兵使用。

步兵的战斗技巧

步兵一般藏在厚厚的地下掩体中，以及泥泞的稻田或山区之中。

野武士（nobushi）射手

步兵，也称野武士，由各个阶层的武士组成，从地位高的武士，一直到他们卑微的随从，都可以称为野武士。他们分散在战场上，一般只在近距离时进行射击，当然有时候也会在几百米外"射远箭"。

胸板

草摺

草鞋

太刀的使用

起势。日本刀一般都安装刀鞘，刀刃既可以朝上，也可以朝下。当朝下时，一般是吊在带子上，这种刀被称为"大刀"，当刀刃朝上别在腰带上时，被称为"打刀"。一开始，大刀更为流行，而社会地位低的武士才使用打刀，但是到了14世纪，打刀的形制更为流行，因为这种刀可以迅速抽出。插图中，我们可以看到一名身着袍服的士兵在抽出打刀。

①

②

③

防御姿势。拔出打刀后，武士摆出防御姿势，这样可以让敌人敬畏三分。用这样的方式持刀，可以很容易向左、右和上方挥刀，使得对手不得近身。第①和第②种姿势是低姿防守，而③和④是高姿防守。

③

①

②

④

图解世界战争战法：日本武士（1200—1877年） TUJIE SHIJIE ZHANZHENG ZHANFA

刀刃的区别

刀刃种类繁多。一些刀刃是同一硬度钢的简单折叠，这种刃被称为柾目锻，但也有一些在软刃的前段加装了一个硬度更高的割刃，被称为切刃铁。还有一种更加复杂的刀刃，刀心硬度较低，但刀心的四面是硬度较高的钢（即卷合和七牧合）。最后一种是刀心硬度较低，但是四周都是硬度较高的钢，被称为四方咭。虽然刀刃有这些区别，但是刀背都是比较厚的，而有着明显锻造线的刀口，都是硬度很高的。

13世纪以后，所有的日本刀都有一条精心设计的曲线。有关日本刀的传说之一，就是这些曲线正好可以帮助士兵们在马背上进行砍杀。但事实上，这条舒缓但却鲜明的曲线，更多的是在锻造厚度不均匀的刀刃时留下来的。将红热的钢放入冷水，会使薄的区域更为紧缩，从而造成了明显的曲线形状。相反，平安时代早期的刀大部分都是笔直的，只有在刀柄处有些许的弯曲，这种区别，主要是使用的铁材质不同，而不是审美上的取向。

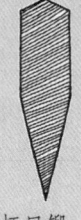 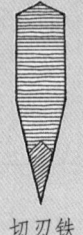  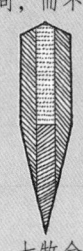 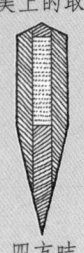

柾目锻　　切刃铁　　卷合　　七牧合　　四方咭

他们聚集的地方一般都是战马无法发挥优势的地方，这样就可以尽可能地向骑兵射击。木制盾牌可以保护这些日本射手。但是这些盾牌大小有门那么大，一般竖在地上，无法单手使用。如果一群武士决定在地面冲锋，那么就有一两个人专门使用这种盾牌，不使用其他武器。

在一些没有大规模机动的遭遇战中，盾牌一般竖在地面上，并用一块板支撑着使它竖起来。寺庙或其他建筑物的大门，常常被用来当作盾牌。这些门足够厚，可以抵御任何箭的攻击。成书于14世纪的《春日权现验记》中的插图，就非常形象地说明了这种盾牌的使用方法：两个敌对的阵营都从盾牌后面进行射击，而盾牌就像墙一样，阻挡敌人的射击。

步兵并不完全是由农民组成的；相反，武士们也会加入这一行列，当然级别更高的士兵参战的可能性很小。但是在攻击山区或者艰难地形时，几乎所有士兵都要下马徒步作战。随着时间的推移，步兵变得越来越普遍，这也就解释了为什么腿部护甲得到改善。大铠（因为其宽大而得名）的优点，如果放在步兵身上就成了缺点，因此，那种简化的、皮革制的护甲越来越普及。腿部护甲保护着小腿和大腿，一般都是用钢制成的。大部分步兵都成了散兵，因为几乎所有战斗都使用弹射武

在日本，拔刀常被形容为"割鲤鱼的嘴"，因为刀鞘的口部据称与鲤鱼的口部相似。拔刀时，使用拇指顶开护手，从而使刀快速出鞘。这是一个对技巧要求很高的动作，如果技巧上稍有失误，将会严重割伤拇指。

【步 兵】

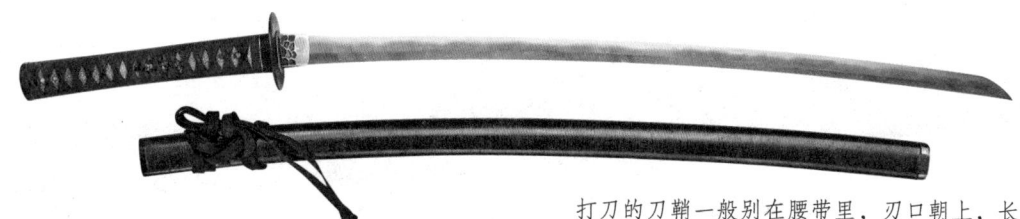

器。然而，一些人喜欢使用手持型武器，也就是刀和宽刃刀，也有一些情况下使用战斧和长矛。只有那些技艺高超的人才使用这些武器，但即使如此，使用的人也不多。这些武器在步兵手里却能发挥巨大威力。这些武器中，刀使用最多，也是最有神秘气息的，下面让我们首先分析一下刀。

刀

到了 17 世纪，武士阶层崛起，刀成了他们的缩影，也成为武士地位的象征。然而在此之前，刀的地位远没有弓箭那么

打刀的刀鞘一般别在腰带里，刃口朝上，长度超过 30 厘米。到了 15 世纪，这种样式的刀最受欢迎。精美的附件，比如刀鞘和其他物件，是导致这一转变的重要原因。旧式的太刀挂在腰带上，刃口朝下，后来都演变成了打刀的样式。

重要。刀是一种赏赐物件，也是一种有价值的物件——尽管没有铠甲和马匹那么昂贵。

和其他武器不同，刀常常因其使用者而命名，也常常是给使用者的赏赐，有的人甚至将刀献给神社和寺庙，作为祈求信物，希望能在大战之中幸存下来。和其他武器相比，刀的这种特点尤为明显。

铸刀工艺在 13 世纪达到了顶峰，那个时候全日本的铸刀工匠们都在不舍昼夜地重复捶打、折叠钢材，为的就是使刀更加紧实，同时更加灵巧。日本刀的切割线非常坚硬，因此和同类武器相比，不那么容易碎裂。它们还不容易折断，就是要避免大力劈向敌人头盔时发生折断。此外，日本刀还能很容易插入敌人的身体，这也就解释了为什么士兵们喜欢刺杀敌人，而不是砍杀敌人了。

日本刀本身没有什么装饰物。相反，

锷——刀的护把

刀的刃口一般会固定一个铁质的护把，用来保护手部。最早的护把可能就是简单的一块铁片，刻着一些装饰图案。中间的孔是插刀刃的。此外还有一个孔，是用来插小柄的，小柄即小刀，也插在刀鞘里。后来，装饰变得越来越精美和开放。有关护把的精美图案的例子，可以参见下图中 16 世纪的护把。

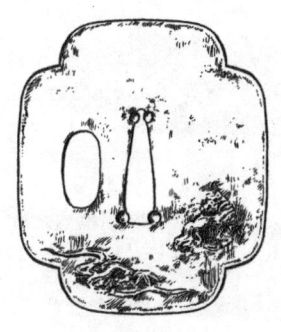

13 世纪

14 世纪

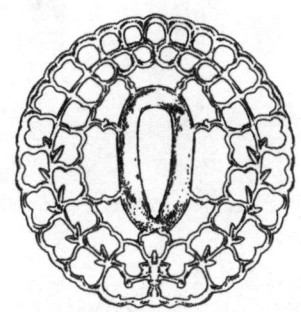

16 世纪

图解世界战争战法：日本武士（1200—1877年） TUJIE SHIJIE ZHANZHENG ZHANFA

帽子　　刀　　栋　　镐地

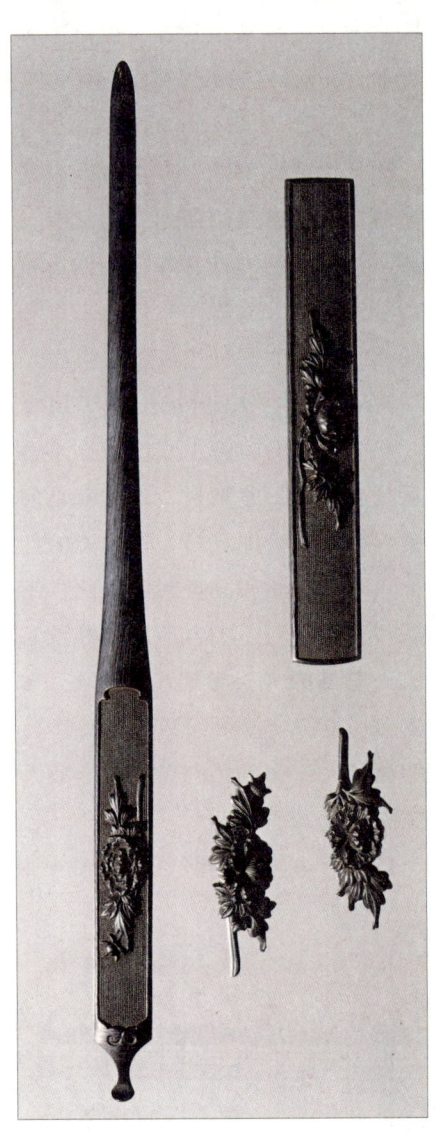

它就是一块钢片，一端有孔，有孔的那一端刻着铸刀师的名字。一个竹制的挂钩穿过这个孔，然后固定好手柄，手柄外裹着鲨鱼皮，一般缠上黄色的——有时也有蓝色的——绳子。小的装饰物，被称为目贯，题材丰富，从稻穗图案到恐怖的鬼怪图案都刻在刀柄内侧。刀柄的边缘，被称为缘，同样也被装饰起来。护手被称为锷，可以保护士兵的手部，同时也为奇思异想的装饰和点缀提供了额外的空间。

刀鞘可以用皮革制成，但大部分是用漆木做的。一般比较简单，有的也会装饰精美。刀鞘内，有时还插着一把小刀，但其作用是精美的牙签，而不是用于战场。

刀的配件的款式一直在变化，同样变化的还有刀的长度。一种被称为大太刀的刀就追求它的长度，根据存世的样刀，其长度可以达到2米，这种刀在14世纪达

这是刀的一组配件，包括笄、刀小柄以及2个目贯，这些都被缠在刀护把的下面，目贯上都刻着牡丹花的图案。

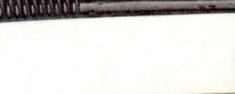

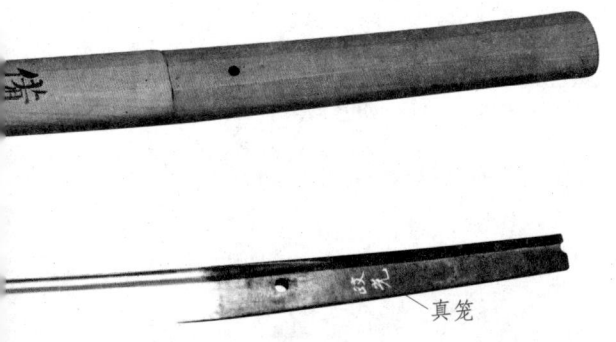

真笼

到了它的巅峰。然而，随着时间的推移，长度变短的刀受到了青睐，同时由于刀经常在手柄处折断，为了解决这个问题，衍生出了一个新的孔，可以用来插一些小的物件，同时刀鞘的长度也变短了。

刀根据长度的不同进行分类，长度大的刀通常被称为太刀。它的刃口是朝下的，但随着时间演变，刃口开始向上弯，可以别在士兵的裤腰带上。长度最小的刀，被称为短刀，也就是匕首，长度一般不超过30厘米。而长度在30～60厘米的刀，被称为肋差。长度超过60厘米的被称为打刀。除此之外还有一些小的差异，太刀的刀尖更突出，也更有棱角。后来太刀被刀尖更加圆润的打刀所取代。

不管什么刀，用途都是砍杀敌人。还有一种又重又钝的刀，专门用来砍击敌人的头盔，使其晕厥，或者让他的随从无法转移他。1333年镰仓城沦陷时，许多人被杀，尸体匆匆被埋在了材木座。绝大部分尸体的前额和头顶都有被砍击的痕迹，男女老幼的四肢骨骼上也有被砍击的痕迹。由于砍击的力量太大，一些头盖骨都被击碎，还有的头盖骨上有平行的砍痕，表明刀砍下后，从头骨上弹了起来，留下了几条平行的裂痕。

还有些记录显示，有些人和马受到刀伤后幸存了下来。有一匹马被砍了7刀，另外有人被砍了13刀，但这些刀伤都不严重，马和人都活下来了。这些刀伤还说明，战斗中，士兵必须靠近对手，从而用刀的刀尖砍割对手。但是，武士们不会太靠近一个武装了的对手，即使他们展开了肉搏战也是如此，相反，他们仍然尽可能

握 姿

如果紧握的话，两手持打刀，使刀上扬25°～65°。这样一个角度无论是向上还是向下，都可以自由移动，只需要稍微移动手腕就可以摆出各种进攻和防守姿势。

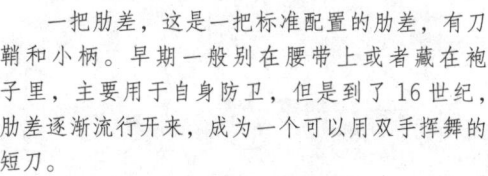

一把肋差，这是一把标准配置的肋差，有刀鞘和小柄。早期一般别在腰带上或者藏在袍子里，主要用于自身防卫，但是到了16世纪，肋差逐渐流行开来，成为一个可以用双手挥舞的短刀。

图解世界战争战法：日本武士（1200—1877年）

使用打刀攻击

基本劈势。首先，打刀是设计用来砍和劈的。基本劈势，首先将刀举过头顶，胳膊完全伸展，手腕猛然下压，直到打刀与人的身体成为直角。

劈杀角度。打刀最有效的劈势是将刀刃朝上，举到头顶的中央。如果刀与头顶中央之间有角度，那么就会降低劈下去的准度和力度。

正确的角度

错误的角度

斜角劈势。斜角劈势的优势在于出其不意，因为直到最后一刻，对手仍然以为对方使用"基本劈势"，而且弧线越大，砍击的力度也就越大。

【步 兵】

左右劈势

使用打刀进行左右劈也非常有效。请注意,当向右劈时,用右手将刀伸出去;同样的,向左劈时,使用左手。如果是左撇子,那么就没有那么多固定的方式,一般以便利为原则,其攻击角度也就常常无法预测了。

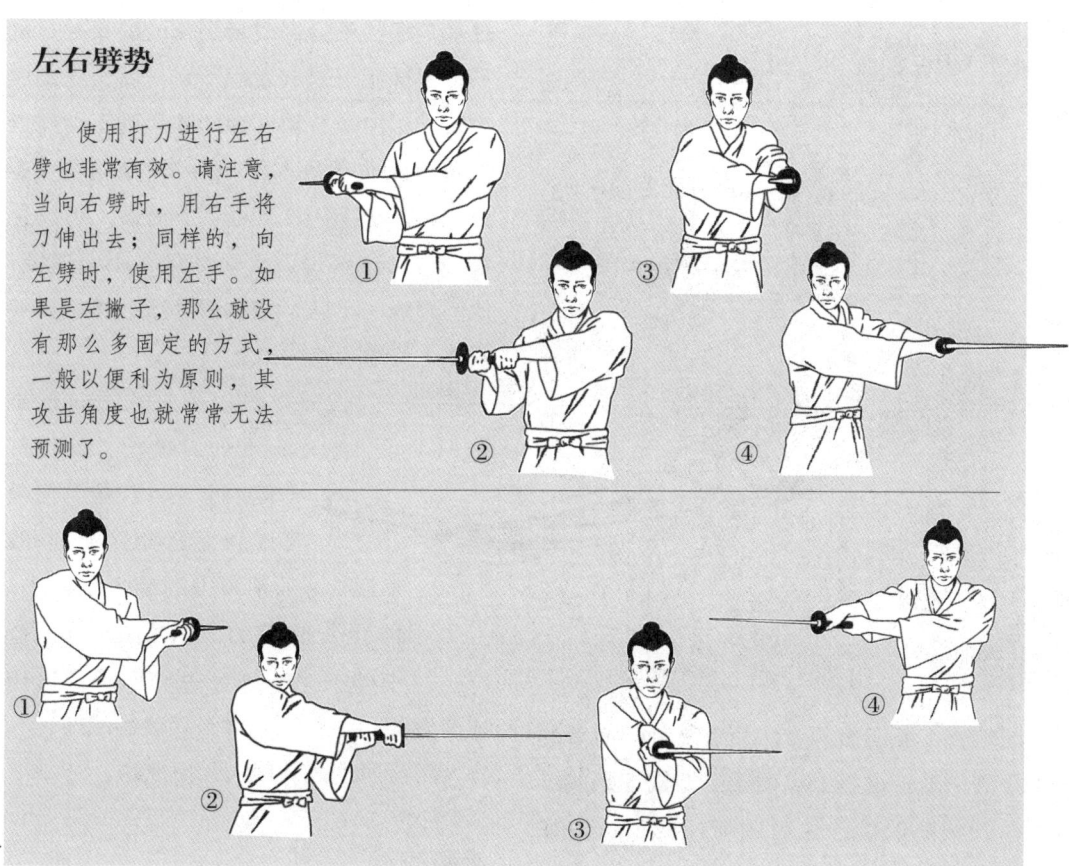

与对手保持距离,从而将刀的砍劈效果发挥到最大。如果士兵不专心,没有注意到他或她的对手的出现,他或她将很可能遭到致命一击。

老式的刀,特别是12—13世纪的刀,坚硬程度都不够,无法对敌人进行连续砍击,然而,经过几个世纪的发展,刀刃在不断的磨砺之中变得越来越薄。虽然到了14世纪一些大刀受到了欢迎,但后来的刀刃宽度和早期的基本相同。

14世纪,出现了大太刀,刀刃长度可以达到2.1米。这些武器的平衡性非常好,虽然很长,但却非常容易挥舞。这种刀不需要刀鞘,一般由士兵扛在肩膀上。这种武器没有办法在马上使用,但它却给我们提供了研究14世纪战斗本质的独特视角。

大刀的锋利部位不在刀刃的边缘,而在刀刃的尖部,被称为镐造。这表明,刺杀和捶击是这种武器的主要使用方法。这种大刀可以用来砍断马腿,也可以削敌人的脑袋。和其他刃类兵器相比,它们更为耐用,其原因就在于它们没有了木制的刀柄。但仍然在战场上出现过大刀折断的情况,因为对世界上哪怕最好的刀而言,钢盔都是难以轻易对付的。

单兵作战

长刀的使用表明,步兵们战斗时没有统一的阵型。相反,只要敌人接近,每个士兵就迎上去用刀砍劈刺杀。不管是同伴还是敌人,都不能靠近这些士兵周围2米

图解世界战争战法：日本武士（1200—1877年）

刀的配置

15世纪之前，武士们携带大刀时，一般刃口朝下，并且将刀系在铠甲上。然而，对于低等武士来说，他们一般会将刀简单地插在腰带上，并且刃口朝上，这种趋势逐渐流行开来并且成为常态。这幅图显示一把小肋差插在腰带上，同时还携带了一柄打刀，还悬系了一把大太刀。武士们通常不会同时携带打刀和太刀的。

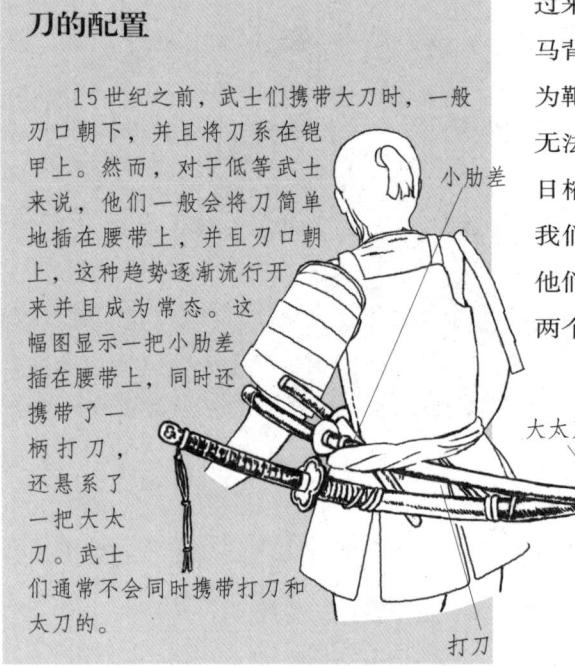

小肋差
大太刀
打刀

的地方，而还击的方法只有2种。简单的方法，是将这些士兵诱骗至开阔地，或者在开阔地设伏，然后用箭反复射击。在1333年的一次战斗中，杰出的岛津骑射部队就用这种方法迅速解决了这些持刀士兵。射手们将持刀士兵围在中间，始终保持距离，然后用箭射死了绝大部分持刀士兵。参战的一名士兵后来这样总结道："即使最强壮的士兵，也无法抵挡弓箭的攻击；即使最快的士兵，也赶不上马的奔跑。"另外一种还击的方法则比较惨烈：准确计算对手攻击的时机，在敌人劈完一刀后，靠近敌人，用匕首刺杀他。此前我们就分析过，长刀的边缘并不锋利，因此在近身肉搏时，不占优势。

谨慎作战

即使是技艺最为超群、装备最长的大刀的刀手，也会隐蔽在安全区域，或者蜷缩在门一样的盾牌后面，等待着马队慢跑过来。那些不警惕或者倒霉的骑兵一旦从马背上被抛下来或者跌下来，就会立刻成为靶子，但是警惕性强的骑兵则不会靠近无法进入或者敌人已经占领的地形。《春日权现验记》中记录的一个场景，可以让我们看出这些持刀士兵是多么小心谨慎：他们聚成一小队，藏在盾牌后，等着另外两个人擒拿受伤的敌人。

长刀也可以用来攻击其他步兵。这样，谁的刀最长，就在打击范围上最占优势，但是考虑到重量和体积，一般来说2.1米是刀刃的最大尺度了。14世纪晚期的《秋之夜长物语》中的一个插图，生动反映了这样的遭遇战：画中，一群士兵徒步战斗，一些人用箭射击，其他人互搏砍杀。

矛和战斧

14世纪时，大太刀这样的长刃武器使用最广，但也存在其他手持武器。有关矛的最早记录出现在1334年。当时的矛仅有1.5米长，甚至比长刀要短。春日神社壁

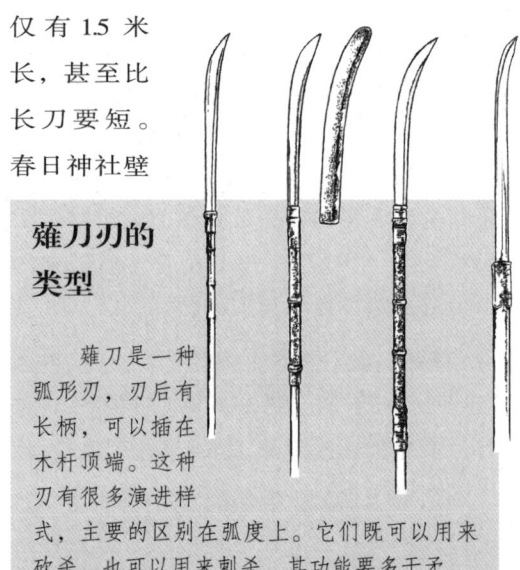

薙刀刃的类型

薙刀是一种弧形刃，刃后有长柄，可以插在木杆顶端。这种刃有很多演进样式，主要的区别在弧度上。它们既可以用来砍杀，也可以用来刺杀，其功能要多于矛。

BUBING 【步 兵】

兵士（13 世纪）

兵士是一种低等武士，身着最短的铠甲参加战斗，如图所示。他正在挥舞一把薙刀，腰间还佩戴着一柄短刀，穿着最短的铠甲腹当，主要用于保护胸部和腹部。他没有佩戴金属护腿，而是使用了足缠，一种裹在腿上的布。图中的武士穿着草鞋，这种鞋后来越来越流行，当然也有兵士依然光脚作战。

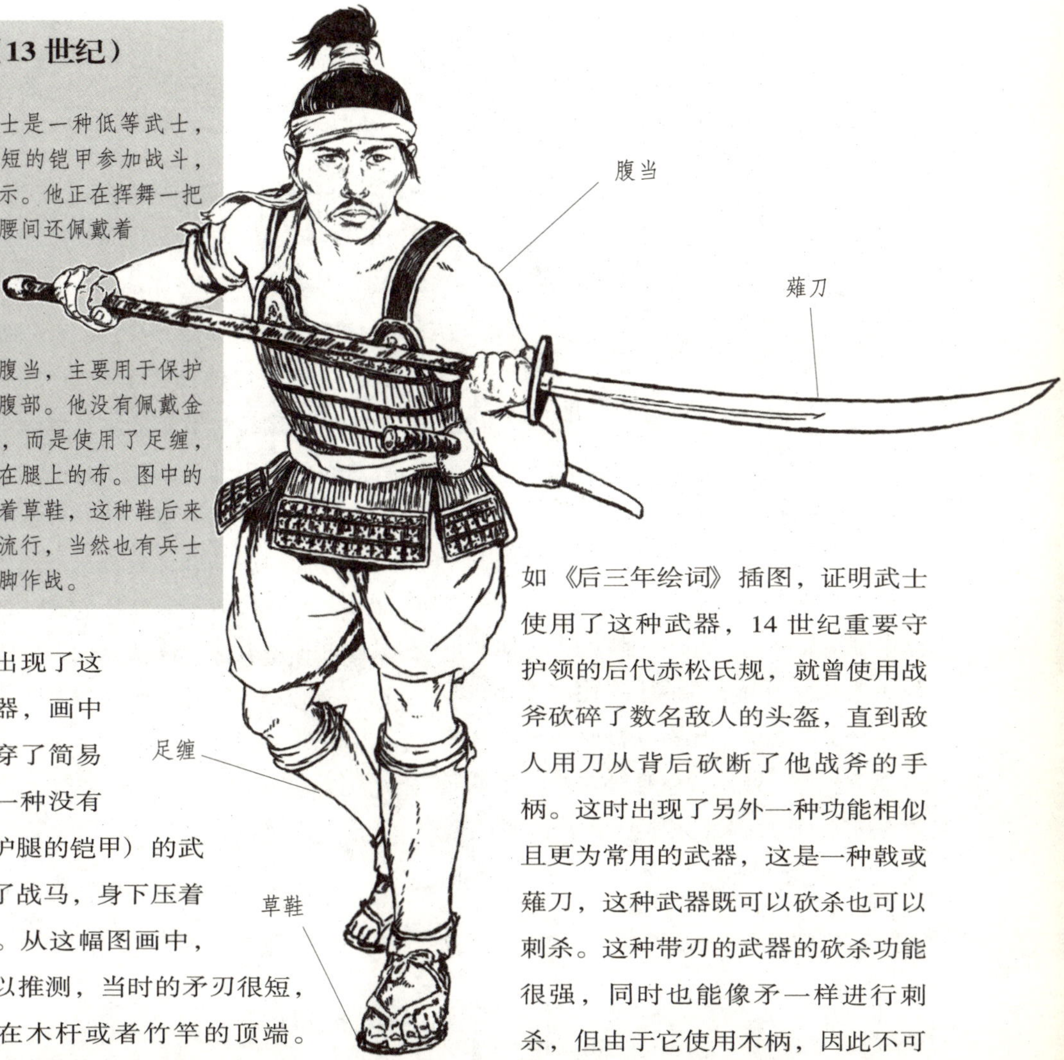

腹当

薙刀

足缠

草鞋

画中就出现了这样的武器，画中一名仅穿了简易胴丸（一种没有护肩和护腿的铠甲）的武士坠下了战马，身下压着一柄矛。从这幅图画中，我们可以推测，当时的矛刃很短，并且插在木杆或者竹竿的顶端。与长刀比起来，这样的武器很便宜，但是作战效能也要打上折扣，它不仅没有前者长，也没那么持久耐用，更无法砍杀敌人。因此，在 14 世纪的战争中，只有 15 名伤员（约占所有记录的伤员总数的 2%）是由矛造成的。

武士们也喜欢使用战斧。人们既可以找到文字证据，也可以找到图画证据，比如《后三年绘词》插图，证明武士使用了这种武器，14 世纪重要守护领的后代赤松氏规，就曾使用战斧砍碎了数名敌人的头盔，直到敌人用刀从背后砍断了他战斧的手柄。这时出现了另外一种功能相似且更为常用的武器，这是一种戟或薙刀，这种武器既可以砍杀也可以刺杀。这种带刃的武器的砍杀功能很强，同时也能像矛一样进行刺杀，但由于它使用木柄，因此不可能像刀那样持久耐用。

早期的堡垒

内战的出现，让步兵得以发挥更大作用，因为骑兵时不时需要在城市或者非开阔地作战。在城市作战中，比如在京都这样的首都里，步兵可以躲在建筑后或者从建筑顶部射击马匹，迫使骑兵要么沿着河

一柄薙刀。刃柄和刃的本身几乎等长，它一般插入木杆内。刃柄足够长，可以确保稳稳插入木杆。且其额外的重量，可以更好地平衡武器，防止木柄轻易折断。这些耐用的武器，砍杀刺杀咸宜，并且比刀要便宜，一般和矛配合使用。

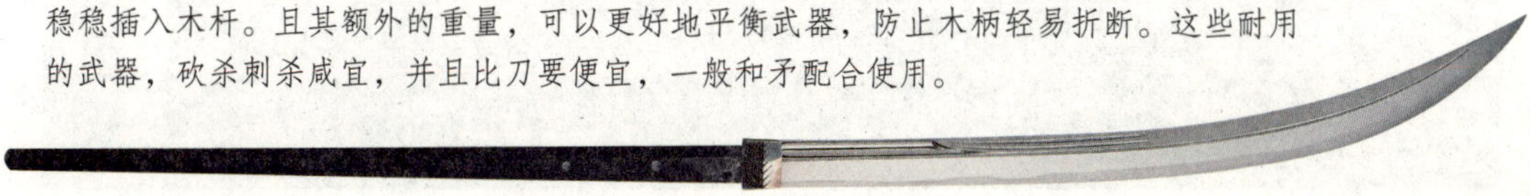

图解世界战争战法：日本武士（1200—1877年） TUJIE SHIJIE ZHANZHENG ZHANFA

战 斧

战斧（masakari）是14世纪的常用兵器，一般由足轻和农民士兵使用。随着长枪和矛在战争中发挥越来越大的作用，这种武器在后来几个世纪里逐渐退出舞台。

岸行动，要么将需要控制住的地方付之一炬。

步兵们要想占据一地，必须构建防御堡垒，当时的城池一般规模小，且是应急为之。骸城是14世纪典型的城堡，它可以清晰地让我们看到一小群武士是如何占领山头，并且用各类障碍物构筑防御墙，而在防御墙之前，还有一群躲在重盾后的弓箭手。我们使用城堡称呼这样的建筑显然是不恰当的。因为城堡是非常小的建筑，一般只容纳50～60人，最大容纳100人。

许多城堡用垮塌的房屋或者木料建成。一些城堡只使用十来天，长的可以使用数个星期或者数个月，很少有使用超过数年的。一些城堡建在易守难攻的居民地，有些与山上的庙宇建在一起。还有一些城堡，比如日本关东的关市和大凤，就是一种建在沼泽地里的人工建筑，并且建有土木结构的墙。这些城堡是南朝在关东地区的战略据点。南朝指的是后醍醐天皇及其追随者。与在日本中部和西部不同，南朝在关东得到的支持很少。1336—1343年，南朝的士兵一直面对人数更多的足利一方。这些城堡足够坚固，可以抵抗敌人的围困，但是它们能够使用那么多年，这在14世纪是个例外。

山地城堡

山地城堡的优势是容易获得巨石，并

大宝城遗址。这是14世纪的一座城堡，建筑精致非凡，堪称完美无缺。东侧的防御工事（如今种满蔬菜的地方）极其坚固，足以对抗数月之久的围攻之军。这座城堡还可以通过船舶得到补给，因为城堡前方的低地是一大片沼泽。

僧 兵

这些人被称为 akuso 或者"恶僧",他们会用武力来保护寺庙的利益。佛教教规不允许暴力,除非是为了正义的目的,比如维护寺庙利益或者援助政治盟友。年轻的僧侣参加战斗,老年僧侣念经作法,这也被认为是参加战争的行为。图中的和尚手持薙刀,这也是僧兵们喜欢用的武器。

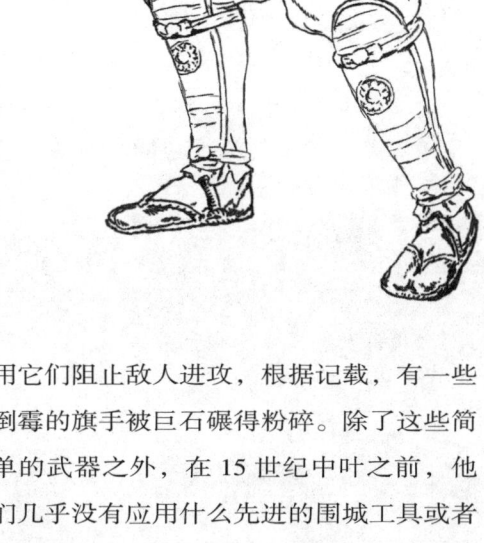

要的,在没有水井的地方快速建立的城堡,是非常容易被攻陷的。然而,即使攻克一个最简陋的城堡也是非常不容易的。一般来说,即使单个城堡也会分为两个独立的区域,这也就意味着,城堡的一部分失守,另一部分却仍未被占领。

位于京城东部的东山山顶的一处城堡,面积虽然只有 30 平方米,但是通往城堡的所有通道都围了起来,敌人要想进攻,只能在狭窄的围墙内穿行,围墙里分布了许多垛口供箭手使用,这些城堡坚固且补给充足,足以抵抗一支大型武装。这座 15 世纪的城堡可以坚持半年时间,因为城堡与山顶的庙宇之间有山路相连,便于交通和补给。这些在中世纪发挥不同碉堡作用的垛口说明这些建筑的复杂性,它们使守军能在更大型的防御建筑内发动进攻行动。

坚固城堡逐渐将外围区域和固守区域网在一起,这些城堡往往建在山顶,每个城堡控守一处交通,并且可以得到补给。这种网络有助于防御作战,并且使得单个城堡的重要性不至于过大。

一般来说,这种城堡群通常散布在几英里的范围内,有的建在山上,有的建在平地,目的就是为了控制这片区域。

为了攻占这些严密防守的区域,进攻方必须发动进攻作战,逐步蚕食防御一方的地盘和城堡。通过超过 5 年的长期战斗,日立的关市和大凤才被攻破。这些城堡尤其难以攻克,因为它们建在沼泽地,防守严密,且能够通过小型驳船定期补给。

用它们阻止敌人进攻,根据记载,有一些倒霉的旗手被巨石碾得粉碎。除了这些简单的武器之外,在 15 世纪中叶之前,他们几乎没有应用什么先进的围城工具或者反围城工具,比如投石机等。对于城堡来说,要想抵抗敌人的长期围困,最重要的是可靠的补给,比如大米、大麦、大豆以及用作饲料的稻壳等。获得水源是至关重

图解世界战争战法：日本武士（1200—1877年） TUJIE SHIJIE ZHANZHENG ZHANFA

日本武士建造了大量的防御墙，最初用泥巴建造，后来用石头加固，主要建在日本的港口，用于抵御蒙古人的入侵。这些耐用的石墙在1281年成功抵抗了蒙古人登陆，一些石墙现在依然保留了下来。

14世纪的城堡

像关市和大风一样的14世纪城堡，在外形上都不宏大，实际上是用木头和泥巴建成。这样的建筑方式意味着为了保护这些并不坚固的城池，必须要把附近所有用不上的树木毁掉，从而防止敌人利用这些树木或者树木的果实进行补给。而在建筑材料充盈的地区，会每隔几英里就建一个城池，并且由一小队人马驻守。

石头防御工事

直到16世纪的前几十年，人们才开始使用石头加固要塞的薄弱环节。早在1275年，为了抵抗蒙古人的入侵，就已经在日本九州最薄弱的港口建起了石墙。那时人们先是构筑土木墙，但觉得不够坚固，于是用石头进行了加固，最后石墙有2~3米高，宽度与高度相同，沿海岸线

13世纪晚期的《一遍圣绘》中一部分，画的是一处小村镇。游人和商品在13世纪的日本可以自由流动。村镇还是屯兵的理想地点，便于运输和军事补给。

延伸了10公里。这些石墙发挥了巨大效果，它们阻止了蒙古人登陆，结果蒙古人只能在一些狭小的岛屿上据守6个星期，最后在1281年，一场台风摧毁了蒙古舰队。在1275年，武士们亲自负责建造这一防御墙，他们根据自己占据土地的数量确定需要承担的工程量。当时建设还没有出现标准化的概念，因此石墙也显示出武士来自不同地方。武士们用花岗岩和砂岩建设石墙，并且根据地形修建，他们或是就地取材，或是从遥远的地方运来石材，比如穿过博多湾从能古岛运来石材。在随后的几十年里，这些石墙不断修修补补，最后一次记载的修缮发生在1338年，也就是开始建设后的60年。

激战：综述

了解了防御堡垒以及步兵和骑兵的武器之后，现在可以分析一场特定的战斗，这是一场发生在1336年6月最后一天的战斗。我们之所以选择它来分析，是因为这场决定性的战斗，直接导致了日本第二个武家政府——足利幕府——的建立。与之前抵抗蒙古人的战争不同，也与1180—1185年的内战不同，这场战争被详细记录了下来。尽管足利家族取得了战争的决定性胜利，但也没有能力完全消灭敌人。

参加战争的士兵要求获得补偿。他们通过计算自己的损失、受伤情况，并且列出自己参加战斗的情况等等，要求获得相应酬劳。留存下来的文件被称为合战注文或者请赏书，这些文献使得历史学家可以重新认识这场战争的来龙去脉。此外，它

一名掌旗兵冲向敌军。来自《蒙古袭来绘词》。

们还记录了伤亡情况。这些文件最早出现在13世纪晚期，随后的蒙古入侵战争中也出现过，并且在1333年的内战前夕不断规范。早期的注文只是记叙士兵在战争中的行为，其中14世纪留存下来的就达1300余份。这些文件记录了8634人以及他们战斗的地点，且有721个记录中详细描述了战斗受伤情况。每个小战斗后都会写这样的注文，每个注文还记录着士兵们的损失情况，进而要求补偿。如果没有给足补偿，就意味着士兵们会转投敌对阵营，有些家族中反复发生这样的情况。有些时候，武士们会明确写道"除非得到足够赏赐"，否则就投向敌人的字样。而军队头领的态度有时更像"商人的态度"。

1333年的日本局势远未平静，这个国家见证了第一个武家政府——镰仓幕府——的轰然垮塌。后醍醐天皇（1288—

图解世界战争战法：日本武士（1200—1877年）

1339）想成为独裁者和绝对的统治者，他密谋反对镰仓，并最终消灭了他。但是天皇的胜利，又有赖于镰仓幕府最大的将领足利尊氏（1305—1358）的大力支持。胜利之后，足利要求授予"将军"（仅低于天皇的军事统治者）职务，这又将使他走上军事独裁的道路，而后醍醐天皇希望自己成为绝对的统治者，可以主导军事力量，因而拒绝了足利的要求。外部事务最终起到了决定作用。1335年夏，镰仓家族残余势力发动叛变并且节节胜利，足利在没有天皇允许的情况下出征平息叛乱。足利平息了镰仓叛乱后，占据了镰仓的废墟，赏赐手下，并自立为"将军"。后醍醐天皇并没有赏赐足利，而因为足利的僭越要严惩他。然而，足利击败了天皇派来镇压他的将领新田义贞（1301—1338），1335年进军京都，并于1336年元月份短暂占领了京城，尔后从北而来的勤王力量迫使足利退出京都，逃往西部的九州，但足利在田岬之战取胜，之后重建了军队。到了1336年5月，他重返京城，并取得了决定性胜利，杀死了天皇最得力的将领

有关足利尊氏形象的19世纪版画，尊氏是日本第二个武家政府（1338—1537）的创立者，这个政府完全由他的将领和追随者组成。

楠木正成（1294—1336）。足利占据京城，驻扎京城南部的东寺。后醍醐天皇则搬到了东部的比叡山。双方军队均无法战胜对方，这场发生在京城的战争一直持续到1336年8月，足利终于将天皇的部队逐出了京城，并且建立了新政权，即第二个武家政府——足利幕府。

1336年6月30日重构京城争夺战

根据有关对足利的研究，1336年6月30日的战斗被认为是足利霸权开端的标志。虽然京城里依然有反对者，但是足利已经不再处于守势了，并且将营地驻扎到了东寺的空地上。像许多其他决定性意义的战斗一样，这场战斗也演绎出了众多神话和传统。比如东寺的东门直到今天依然紧闭着，因为足利本人为了对付守候已久的新田义贞而坚持不从此门出去。此外，足利相信自己有神襄助，因此神社里有大量的箭射向了新田义贞，并将他赶出

绘于14世纪的足利尊氏肖像。足利身穿朝服，佩戴皇室护卫的双宝刀。足利获得的朝廷册封远超过任何其他武士。

了神社。然而，和许多传奇式的战斗不一样，我们可以通过参加战斗的士兵们提交的大量注文中记录的细节，对这次战斗进行还原。

东寺之战，是为期3周争夺京城控制权的战争的高潮。6月8日，足利部队试图攻击后醍醐天皇军队的驻地比叡山。他们沿着狭窄崎岖的山路，爬上了这座848米的高山，杀死了天皇的一位将领千草忠，但遭到了石块和弓箭的伏击，死伤惨重。例如在攀登比叡山时，一名叫作片山孝近的武士就提到了他的执旗兵的右大腿中箭，文献中还提到一个称为"家中独子"的武士的右手、大腿和右膝盖被射中。

足利撤往三条宿町，这是京城中心偏北区域的一条西北街道，主营驻扎在南面的东寺。他采取了守势。东寺此时由重兵把守，相当于皇宫，而足利此时得到了天皇一名对手的支持。足利虽然面对许多劣势，但他依然下令不惜一切代价守住东寺。当时有谣言称天皇两名幸存的将领新田义贞与名和长年即将率军来攻，足利于是布设了两个前出军团：第一个军团位于京城北面的内野，由细川指挥；第二个军团布设在比叡山东面和南面的法成寺，由高师直（卒于1351年）指挥。

虽然小道消息很多，但让足利警觉的绝非仅仅是这些消息：敌人在6月27日晚发动了试探性攻击，且三条宿町的一处观察塔也被点燃，后来还是足利的御家人上代兼治扑灭了大火。我们现在无法得知这些观察塔的高度，但即使只有3层楼那么高，已经足够查清战场的走势。从足利应对敌人行动的能力判断，这些观察塔可能在接下来3天的战斗中依然存在并且发挥了作用。

敌人主力由新田义贞与名和长年指挥，在拂晓从比叡山往下攻，并从西边包抄，在内野一举击溃规模更小的细川部队，尔后向大宫的两条平行街道进发，其中在大宫町的行动由义贞指挥，在猪熊町的行动由长年指挥。最关键的是，足利阵中由少弐赖长指挥的一支后备部队选择坚守阵地，没有向东寺逃窜或者间接增援师直。事实证明，这一举动至关重要，他们成功地威胁了义贞和长年的部队：让后者面临被包围的风险。

义贞和长年并没有注意到自己已经要被分割，他们继续向东寺的东门冲击，在这里，义贞也没能让足利和自己决斗。东寺的东门依然关闭，而上杉在东寺的北方发动了猛烈的反击，在京城狭小的巷道里，名和与新田的部队向北逃遁。进军的速度快，意味着烧的建筑少，从而使骑兵

首都争夺战（1336）

1336年的首都之战很好地展示了战争中重骑兵的机动能力。新田义贞与名和长年率领的南朝军队（白色），从东北部的比叡山上冲下。战争开始时，他们占领了京城的北部，并快速冲击足利部队的侧翼，一直战到南边的内野，尔后迂回到西部，尔后是南部，试图消灭敌人于东寺的指挥中枢。北面的足利部队站稳了脚跟，南部的兵力发起了反攻，杀死了名和长年，并迫使新田义贞向北遁走。高师直的军队乘胜追击，并在加茂河岸驻扎，尔后向东北进军，直至占领比叡山。南朝部队依然占据东南的阿弥陀山，这最终迫使足利部队从比叡山撤离。

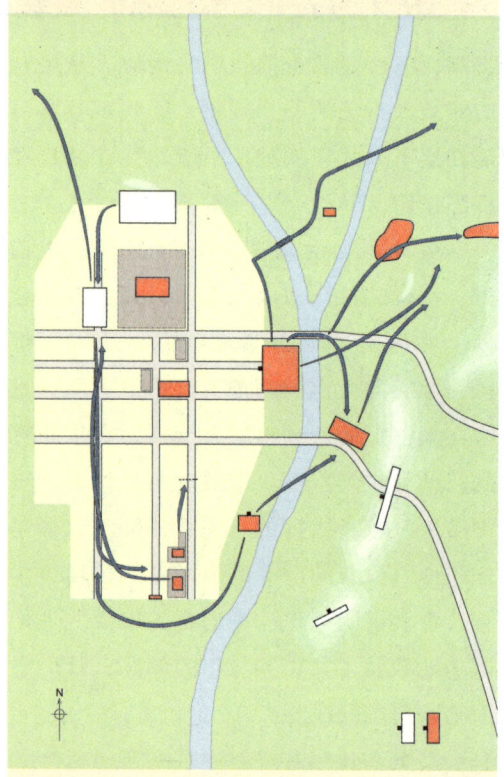

很容易被埋伏在房子里或者屋顶上的弓箭手攻击。少弐部队沿着狭窄的街道追击名和残余部队，名和向北遁走，死伤惨重。

撤退和击败

在靠近少弐增援部队主营的猪熊町和三条町道路交叉口，名和长年战死。撤退的速度很快，越来越多的名和士兵在猪熊町被杀或被俘。一个名叫小笠原氏平的人记录了自己如何砍了一个头颅，同时在内野抓住了一名俘虏，而也正是在内野，名和的部队丧失了有效进攻能力。义贞在西面被发现后被赶了回来，就在名和陷入死斗时，他的骑兵成功撤退并逃离京城，沿着长泽去丹羽的道路向西北撤离。

与此同时，看到了战败的主力向西逃窜后，掉队的士兵加入了高师直的部队，从法成寺向靠近下鸭神社的忠澄进发。其他士兵将敌人从附近的山上，比如六义山赶了下去，尔后足利不断扩大战果，登上了比叡山，并在那里发起攻击。虽然杀死并囚禁了一些僧侣，但是足利依然没能焚毁比叡山上的延历寺，当时有传言称南面遭攻击，再加上对延历寺本身的迷信和恐惧，最终导致部队撤离延历寺。南面的部队靠近东福寺，从鸟羽沿路北上，最远抵达了滋贺，当时的伤亡也有记录，这支军队后来也被击败，被迫向醍醐寺撤退，尔后又向更远的南部逃窜。为了避免战线拉长，足利结束了对比叡山的占领，然而他依然控制着离京城南部仅数公里的醍醐寺。

这场战斗意义重大，此后很多士兵涌向尊氏请赏，东寺由于其不可测的神力得到了重赏。南朝再次占领比叡山和东京以北的山，但是依然处境艰难。南朝的党羽占领着首都东南的阿弥陀山顶，直到1336年8月再次战败后才被迫撤离。早在6月30日，就已经有谣言说要撤退，这一点可以从足利在战斗结束后5天给小笠原贞宗（见插图）的信里窥见一斑。一

【步 兵】

新田义贞（1301—1338）的版画，这位将领在1333年洗劫了镰仓。图上，他将宝刀奉献给神，神让潮水平息，这样他就可以沿着海滩攻击敌人。他在这场战争中取得了胜利，但后来他的战马在穿行一处稻田时被绊倒，新田被一名足轻杀死。

剔除诸如残肢等模糊词汇，战斗中提起的所有人员中，11%被俘，13%被杀，只有4%受伤。从被俘和死亡人员比例可以看出这场战争是决定性的，这是一场远比通常的战士战斗伤亡惨烈得多的战斗，但尽管如此，阵亡率依然比较低。

我们还可以还原获胜的足利一方与各部作战的18名士兵的活动。除1人受伤外，没有其他伤亡。这些人捕获了2名敌人，斩获了2名敌军首级，还杀死了1名士兵。此外，为名和长年与新田义贞战斗的士兵没有留下任何记录，这也是他们惨败的一个证据。

些文字记录说当时的战斗阵型由上万人组成（很不可信），且宣称有1000名敌人被杀或者被俘。人们从醍醐寺发出的一封信中看到，富樫隆家俘获了"数十名俘虏和敌人"。考虑到来自日本关东、南部和中部的士兵都参加了这场战争，这次战争很可能有数千人参加。

> 新田叛军屡战屡胜，但是在6月的最后一天，我们活捉或杀死了数千敌军，其中就包括（名和）长年，同时比叡山的部队也被消灭。今晨众敌或溃逃或投降。有谣言称义贞将向北逃遁，因之东进之军仍需驻近江，以备拦敌船只部队，追歼逃窜之敌。将此布告张贴于通向首都各条道路上。

南朝的部队依然占据位于首都东南的阿弥陀山，对垒的两军都留下了相应的记录。15名参加南部战斗的足利一方的士兵中，3人战死。和在北面出击的士兵相比，他们的胜利要小得多，因为我们只看到1起捕获俘虏的记载。

然而，有文献记录的、参与这场战斗的人员数量要少得多。我们可以还原45个人的作战过程，其中天皇一方有5人被活捉，有4人阵亡。获胜的足利一方有记录的受伤者有4人，其中2人因伤死亡。此外还记录捡获了5个残肢，即敌人的残尸或铠甲残片。从对这场战斗的统计看，

大部分战斗都是在马上利用弓箭进行的。一些士兵争先恐后地追击敌军，另外还有些人则在一天的作战中奔袭达到了极限。比如，上代兼治参加了法成寺战斗，尔后又登上比叡山顶，并在当晚守在山顶。丰岛家衡在法成寺东部的今熊野参加了战斗，尔后向南出击，最远到达了醍醐

图解世界战争战法：日本武士（1200—1877年）　TUJIE SHIJIE ZHANZHENG ZHANFA

东寺，坐落于京城的南部，1336年足利扎营于此。在6月30日的战斗中，新田义贞在东门与足利大战，但是足利闭而不出。足利军反而从东寺的北门发动反击，最终击败了义贞的部队。直到今天，图中的这座大门就是有名的"不启门"。

寺，又向首都东南出击，在那里"与数万名敌军反复缠战，弓箭用尽，持刀抗击，斩首无数"。来自九州丰前的丰川尚定是少弐部队的士兵，他也记载了这场战斗。在法成寺东部的吉田河床上，他的儿子"率先出击，砍杀一名敌人"，后继续追击，他的仆人紧随其后，拿下了这名不幸敌人的"首级"，这也反映出被杀敌人的首级一般会被砍下来。

最后一天

1336年6月最后一天的战斗有着决定性意义，战争的地形不利于重骑兵作战。从战略全局说，足利掌控了京城，其最终的胜利似乎已经不言自明，许多态度摇摆的武士这时也加入到了足利的阵营。一些部队，尤其是名和所属的部队在猪熊町狭窄的巷道被敌人追击，损失惨重，指挥官也纷纷丧命。新田义贞活了下来，天

皇军队依然据守阿弥陀山，这也就意味着南朝军队在接下来两个月里依然能够威胁首都，只有发动更大规模的进攻才能迫使他们撤退。足利这样做了，并且步步紧逼。被俘的人很多，战死的也很多，但程度不像1338年的兵库战斗中整支军队被包围或者歼灭那样惨重，比如在那场战斗中，北畠显家（1318—1338）自己及其700名士兵一起被杀。相似的是，后醍醐天皇的军队逃到了南部的山里，他们在1338年熬过了新田义贞之死的影响，一直保持实力，直到1392年他们才最终向足利投降。尽管如此，在1336年6月30日那一天，足利的霸权已经确定了。从技术上说，这场战斗并没有什么重要的创新。相反，它说明，骑兵可以进行长行军，可以在战斗中前进数公里。虽然在巷战中稍有吃亏，但骑兵有足够的机动能力，从而避免了重大伤亡。骑兵最成功的进军就是沿河床的行动，而这正是高师直部队要对付的行动，也是他们后来反击时采取的行动。同样，骑兵的作战就是去包抄敌人，而一旦他们过于深入，或是马匹已精疲力尽，那么就会遭到强烈反击。战斗中，有时部队可以有效协调，可以部署到战术上重要的区域，比如少弐的后备力量就可以通过瞭望塔观察战场走势。伤亡很大但还不是毁灭性的。士兵作战认真，力争胜利，而不是像某些历史学家基于人类文献而说的那样，是为了

BUBING 【步 兵】

高师直是足利最优秀的将军,后来却被不公平地变成了日本公敌。这是一幅根据 18 世纪的戏剧《皇仆的财富》衍生而来的版画,版画的内容不符合时代特点。

摆花把式,也不是为了吸引女人。

14 世纪时,铠甲有了改良,但是战术上未出现大的变化。1336 年的战争规模更大,但是从根本上说与 12 世纪的足轻战斗没什么区别。60 多年的长期战争,导致 14 世纪的军队在后勤和体制上发生重大变化,而这些变化又反过来促进了军队的组织。士兵们集合起来训练有利于战术创新,在足利赢得首都之战的 131 年后,一种依赖轻装甲枪兵的战争样式兴盛了起来,并占据主导地位,骑兵不再是战场的主角。1467 年,骑兵的机动作战能力让位于防御战术。因此,我们现在研究另外一种兵种——枪兵,并且研究他们的作战样式。

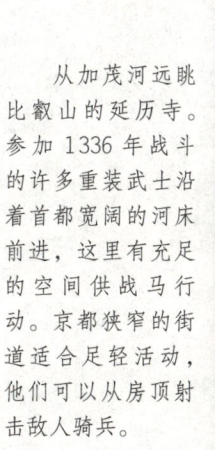

从加茂河远眺比叡山的延历寺。参加 1336 年战斗的许多重装武士沿着首都宽阔的河床前进,这里有充足的空间供战马行动。京都狭窄的街道适合足轻活动,他们可以从房顶射击敌人骑兵。

79

第三章

枪 兵

15世纪中叶之后，枪兵成了日本军队的主力，且随着时间推移，他们的地位越发重要。战术上的重大创新并不总是伴随着新式武器出现而出现，但是这些武器的运用却神奇地改变了战场情况。传统和既往经验是作战实践转变道路上的阻碍，虽然可能要经历几十年时间，但最终指挥官和部队能够以新的样式行动。

举个例子，法国军队曾经率先拥有了机关枪，被称为"米特雷留斯枪"，但是在1870—1871年抵抗普鲁士入侵过程中没有充分运用这一武器，最后惨败。同样的，在指挥官充分认清长矛的潜在战力

枪兵成了日本军队的主流，尤其是1467年之后。他们的重要性可以从黑泽明的经典影片《乱》中体现得淋漓尽致。

81

图解世界战争战法：日本武士（1200—1877年）

之前，这种武器已经使用了好几个世纪。从15世纪开始，随着后勤和组织能力的改进，人们已经可以组建常备军。一旦组建了常备军，士兵们就可以一起训练，并且按照阵型使用长矛。接下来3章将要论述这一变化，重点是长矛的使用、指挥的进步和火枪的使用。

从很多方面来看，长矛反映出最重要的战术变化，因为它使我们称为"多人战术"的出现成为可能，人们可以靠在一起使用武器，并且互相配合成为整体。这样的形式在14世纪的零散战争中找不到例子，那时，一小群骑兵依然是主要的战场阵型。一般来说，历史学家往往认为火枪的出现催生了这种多人战术，但事实上，早在火枪被广泛使用之前，这种战术已经出现了。

长枪和矛在日本已经存在了数个世纪，并且在亚洲大陆，特别是中国的大规模部队中被广泛使用，但却一度失宠。只是到了14世纪，我们才见到它们重返战场。其中一种被称为菊地的矛就曾在1333年的战斗中发挥作用，它是由一把短小的刃插入竹竿做成的。事实上，相似的武器早在13世纪就已经被广泛应用，当时主要是一把刀插在1.52米长的木杆上做成的，我们可以从《蒙古袭来绘词》中看到它最早的样子。那些没有更有效或更昂贵武器的士兵，往往会使用这种武器。然而，它们无法造成有效伤亡，在14世纪的文献记录中，只记载了15起因矛产生的伤亡。如果非要把它归为武器的话，那么它就是穷人版本的薙刀，不是有效的兵器。

只有当许多人紧密地靠在一起，组成坚固的人墙，骑兵无法冲垮，这时长矛才能发挥作用。要想建立这样的军队，指挥官需要足够的财力和补给，才能在战场上养活这支军队，让士兵在一起训练，从而

武士及其追随者，15世纪。高级武士依然骑马作战，他们指挥的军队规模不断扩大，许多步兵出现在他们周围。

足轻(16世纪)

长矛成为日本军队的主力,它的长度不断增加,最后5.5米的长度成了常态。图中的士兵身着16世纪的当世具足铠甲,手持5.5米长的长矛。织田信长将矛的长度增加到8.2米,大大增强了其步兵在战场的作战效能。这些武器无法挥舞使用,但是对付骑兵效果尤佳。

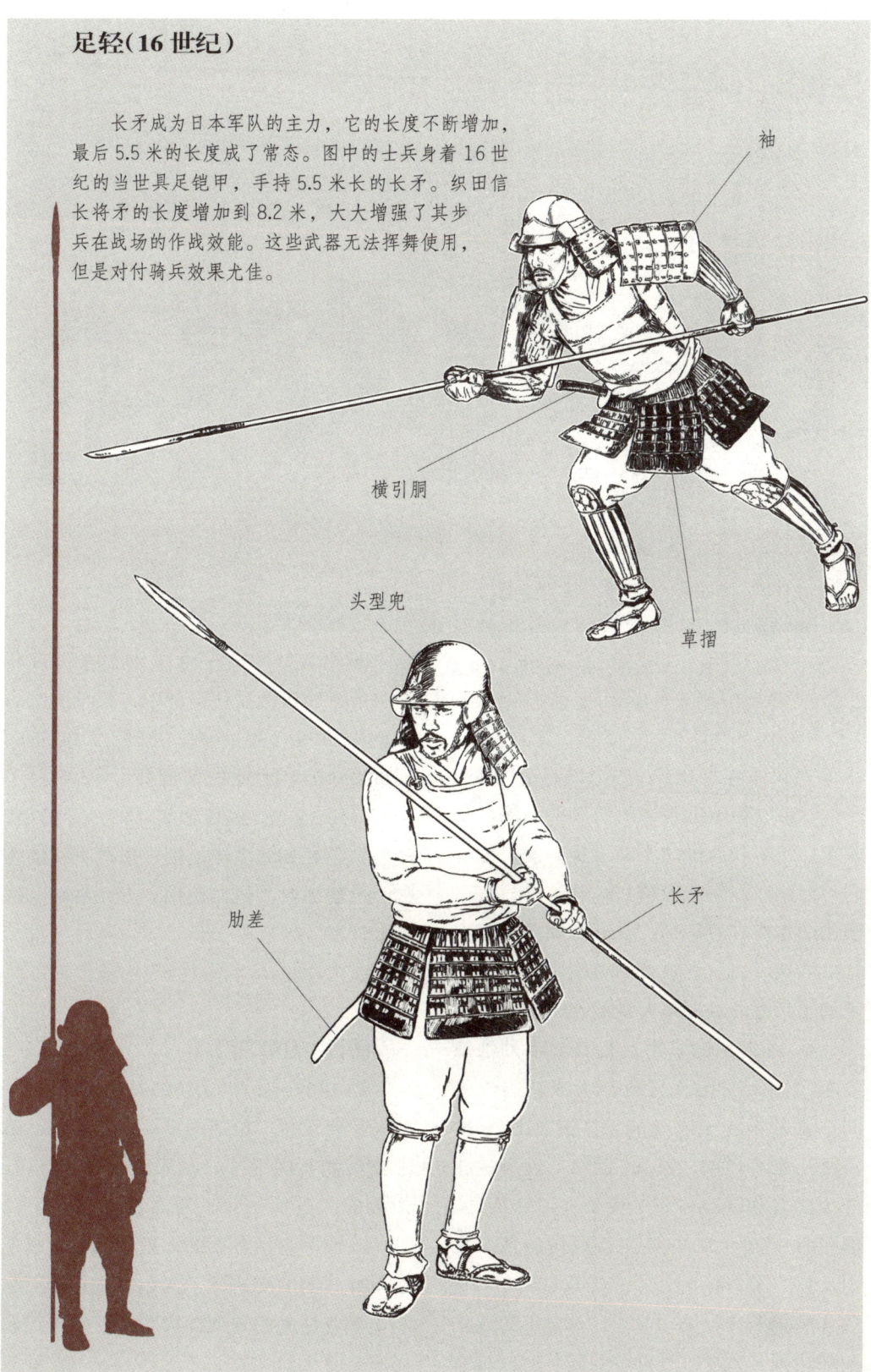

图解世界战争战法：日本武士(1200—1877年)

这是一幅19世纪的版画，反映的是士兵使用木棒进行训练和战斗的场景，生动展示了木棒的长度越长，在近距离战斗中的优势也就越大。

让他们按照阵型出击，并且协同使用长矛。这就对稳定的持续的后勤补给提出了要求。组织和后勤的不断进步，使得枪兵们可以站在一起击败骑兵。此外，只有当敏锐的指挥官意识到，在开阔战场上也能打败骑兵时，这些穿着简单铠甲、手持长矛的士兵才能发挥最大效益。

在15世纪的日本，近身战斗的性质发生了重大变化。与通常大家认为的不同，被称为武士之魂的刀，其实在1467年之后很少使用。在14世纪，近身战斗产生的受伤情况中，92%是由刀造成的。但是在1467—1600年，刀致伤的情况仅占20%。在14世纪时曾经只能产生2%致伤率的长矛，在1467—1600年的致伤率却达到了80%。这种趋势随着时间推移越来越明显，1467—1477年，在所有非弹射兵器导致的受伤情况中，长矛造成的比例占74%（共19起，长矛占14起），而在1600年的致伤情况中，长矛占了98%（共76起，长矛占了75起）。然而，即使长矛被如此广泛使用，指挥员在描述部队遭遇战时，依然使用"刀光剑影"这样的词汇，这反映出虽然刀在战场上很少用到，但在日本文化或语言中地位重要。

军事组织的革新

到1467年，枪兵已经成为15世纪军队的主要角色。枪兵的重要性显示出，由于部队能共同训练，在战场上保持协同，作战部队更加一致，军事组织得到了提升。我们称为常备军的力量的建立，对于战争样式的演变产生了深远影响，这更有利于摆着整齐的阵型挥舞着长矛的步兵们而不是骑兵。

【枪 兵】

十字矛，其名称源于其矛的十字形状（或者源于汉字的"十"），它有两个侧刃，目的是破坏敌人的武器，也可以从侧面砍杀敌人。这种矛在德川时代很常见，但是在战斗中用得不多。

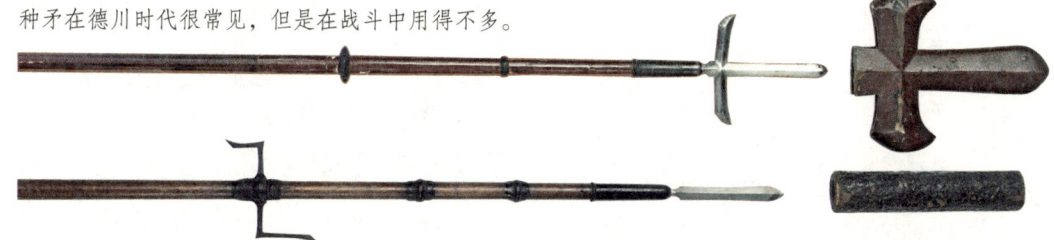

根据日本关东地区15世纪早期的请赏书，士兵们越来越多地从同一地区招募，并且作为同一作战群体共同战斗。在1417—1418年，来自武藏的士兵组成了"北方白旗军团"和"南方军团"，这些称呼反映了士兵的地理来源，而不是血缘联系。相似的，"白旗军团"的名称就反映出其组成的士兵穿着同样的服饰，比如写有固定名称或标识的白色衣服。有关这种样式最早的记录可以在小御岳神社找到。当然这里的白旗并不像欧洲地区表示的投降的含义；相反，它表示的是与日本最著名的武士家族濑原朝家族之间的血缘联系。到了15世纪中叶，部队更多是基于地缘的因素组织起来的。来自武藏、上野和日本中部信浓等地的士兵在1423年组成作战部队，到了1440年，通常情况下，将领们指挥的士兵都来自同一地区。这种组织方式与1336年战争时的方式完全不同，当时部队中的士兵来自不同的地区，

"钩矛"成了16世纪非常普遍的武器，根据一些资料记载，在1615年的大阪战斗中，80%~90%的武器是长矛。这种矛除了有一个刺头之外，还有两个倒钩，可以用来接战敌人的长矛。由于这些倒钩离手很近，因此操作非常方便。

并且在数个指挥员带领下共同战斗。

现存的记录显示，在1450年之前还没有出现战术上的革新。战斗依然延续着14世纪的样式：用箭射敌、用刀砍敌或者利用防御城堡止敌。一般来说，15世纪所有有记录的战马受伤均是由刀造成的，这种趋势与14世纪后期出现的情况一致。而战马受伤的记录，也反映出骑兵仍然像14世纪那样深入步兵方阵中作战。

从这一时期唯一的图卷《友希合战绘卷》可以看到，当时士兵的铠甲变化很少：除加强了对大腿的保护外，和之前的铠甲并无显著差别。插图中的这些士兵正在护卫一座寺庙，他们使用弓箭、刀和战马作战，这种场景和13—14世纪相同。然而，

长柄武器

绝大部分长矛都是一个相对简单的刺刃插入一个很长的木杆或者竹竿组成。矛的不同主要在于倒钩上，这种倒钩可以用来接住敌人的长矛，也可以用来刺杀，从而增加枪兵的攻击手段。长柄式矛可以进行砍杀和刺杀，而十字矛在和平的德川时代（1600—1868）更流行。

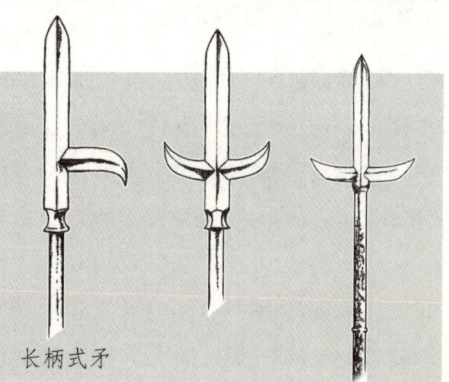

长柄式矛

战 船

《神功皇后绘卷》说明,早在15世纪日本就能制造战船,这种战船有着非常宽阔的甲板,弓箭手可以在甲板上向敌船射箭。与13世纪抗击蒙古人相比,这些船有了很大改进。根据《蒙古袭来绘词》记载,当时日本防御士兵只能使用非常原始的小船,不适宜海上作战。后来的船体变大,船首和船尾建有塔楼,便于箭手使用,同时船舷边也有地方供弓箭手站立。这些船的机动性不是特别优异,仅能作为箭手的作战平台,以及供部队登陆使用。现存的这些船只可以说明,为什么日本关西最有权势的大内大名可以在1467年快速补给其盟友。也有其他文献反映当时人们通过船只进行补给。远藤石川搜集的插图也反映出,当时的陆地作战和舟船作战没有明显的区分。从这一点看,舟船和战马一样,都只是供箭手射击作战的移动平台。

在这幅插图中,我们可以看到一艘日本的小船(右下方)和从中国而来的,更让人震撼的蒙古船之间船体大小的差异。船上的士兵手持的武器就是有关矛的最早图画了,这里的矛主要用来勾住大船,由于插图保存的品相不好,矛头可能是抓升钩,也可能是"熊爪型"。

另外一份反映1433年战斗的现存绘卷以及第6位将军足利义教的私人收藏《神功皇后绘卷》显示,当时的护甲或者战斗技术并没有发生重大变化。

到了15世纪中叶,就有证据显示军事组织的革新对战争实践产生了重大影响。随着部队行动的协调性增加,部队再也没有必要在到达营地后提交报告了。此外,当递交请赏书时,士兵不需要再详细列出战斗过的地点,因为指挥官非常清楚部队战斗的地方。军事组织的变化,使得士兵们的请赏书中不再记录战斗行动,而是简单记录战伤士兵情况。军队的规模扩大之后,他们就不再需要记录士兵们战斗的地点,因为指挥官清楚部队到过的地方。可以证明这一变化的是,现存的14世纪的受伤记录中,被记录的8634人中只有721人受伤。越往后来,记录越少,但存世的虽然只有94份,却记录了1208次受伤情况,比之前所有记录的战伤总数还多67%。部队的行动更加协调统一,规模不断扩大。

部队的后勤

1352年,第一代将军足利尊氏与兄弟直义和儿子直冬发生了暴力冲突,那是

他尤为困难的时期。为了克服这些困难，并且获得最有实力的士兵支持，他创立了"半济税"，主要向8个战乱地区征收。根据规定，只要被任命为"守护"的武士，都可以使用该地区一半税收用于军事目的。随着时间推移，这些税赋变成了强制性的，许多士兵发现他们无法与守护抗衡，还不如成为他的手下，或者加入其组织。慢慢地，个人成功的基础不再是独立战斗，而是换成了服务于领主。

半济税于是成为守护们获得大量物资保障的重要方法。有1个守护就动员了755个农民为他建造城堡，另外一个领主则利用对地区的掌握，召集铁匠制造武器。然而对于这些守护来说，打破所在区域最强大武士的自治权还需要很长时间。举一个例子，丹羽的守护细川家族长期对该地区最有权势的中泽武士家族施加压力。1435年，他增加了中泽的赋税，但是中泽不依不饶，甚至在1445年，他们

这是一幅描述发生在1615年的大阪沦陷场景的图画，从中可以看到，长矛已经成为军队的主要武器，也可以看到两支军队是如何互相攻击的。枪兵必须经过严格训练，保持紧密队形，协调一致进行战斗，才能发挥作战效能。还要看到，当时使用的都是简单的长矛。

无视禁令，占领了一些有争议的土地。

然而，随后的一代人逐渐放弃了自治权，且与守护合作，1482年成为守护在小山的地产管理人，并保留该土地的所有税赋。那些能够对所属地区进行严密管控的守护，就能将土地上的武士变成一支团结的作战力量，能够共同训练，并且获得大量补给。这些变化成了战术革新的根源，也是击败骑兵阵型的长矛之所以突然出现的根源。

守护阶层中地位最高的3个家族之一的畠山家族内部，围绕许多守护和守护代位置的继承权问题，爆发了严重冲突。他们向足利将军行贿，而后者则做出相互矛盾的判决，这种方式只会加剧冲突，并让

图解世界战争战法：日本武士（1200—1877年）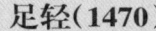

每一方深信自己是正义的。最终畠山义就（1437—1490）在1454—1455年率兵攻打其堂兄畠山弥三郎（卒于1459年），从而成为家族继承人，并成为多个地区的守护。最初，足利支持义就，而弥三郎只能依靠来自京城南部山区的河内和加古川地区的支持者以及一些附近地区的武士，比如大和的筒井的武士。虽然几乎没有任何盟友支持，但是弥三郎还是进行了一场战斗，这场战斗中，很多士兵"死于长矛交战"。描述这场战争的语言非常重要，它标志着一种战术创新，也就是在加古川山区的战斗中，长矛已经成了主导武器。

弥三郎的重大胜利，使得足利将军赦免了他。弥三郎是一名军事天才，但没有留下多少记录和记载，他最终在大战爆发之前的1459年被杀。但是他所开启

足轻（1470）

1470年在首都爆发的残酷战斗中，足轻们洗劫了寺庙和居民区，获得了大量木材，可用于制作盾牌或瞭望塔以及其他用于作战的物件。图中的足轻穿着简单的胴丸，手里拿着长矛，这是当时典型的配置。这名足轻还偷了或者从战场上缴获了一顶损坏了的头盔，而且是老式头盔。这样的形象仿佛与早期的武士难以联系在一起，但是他们可以参加守护指挥的规模较大的部队，从而能在战场上发挥技术优势，进而提高社会地位。

足轻枪兵（1550）

到了16世纪，指挥官能够在战场上有效使用长矛武器。同时，他们也增加了长矛的长度，枪兵们通常使用的长矛已经达到了5米长，同时也使用一些短小的矛。图上的人物戴着简单的头盔，穿着用铁片穿在一起的铠甲，并且佩戴着护腿。随着部队装备不断标准化，枪兵越来越多穿着简单但是标准化的铠甲，有的还镶嵌着其所服务的大名地主的家纹。

的变革是划时代的，自此以后，从河内和加古川地区来的士兵们作为战场上一支独立部队，他们挥舞着这种便宜而又脆弱的武器，靠近敌人的骑兵，挑战他们。

畠山家族争端不断恶化，恰在此时，义就又误将一棵枯树上贡给了足利将军，自此他的好运终结了。将军不再支持义就，改而支持弥三郎的弟弟兼继承人畠山政长（1442—1493）。足利甚至在1460年发布训令要求义就逊位。1462年，在经历了足利幕府7次进攻之后，义就于1463年逃往首都南部的加古川地区。畠山政

QIANGBING 【枪 兵】

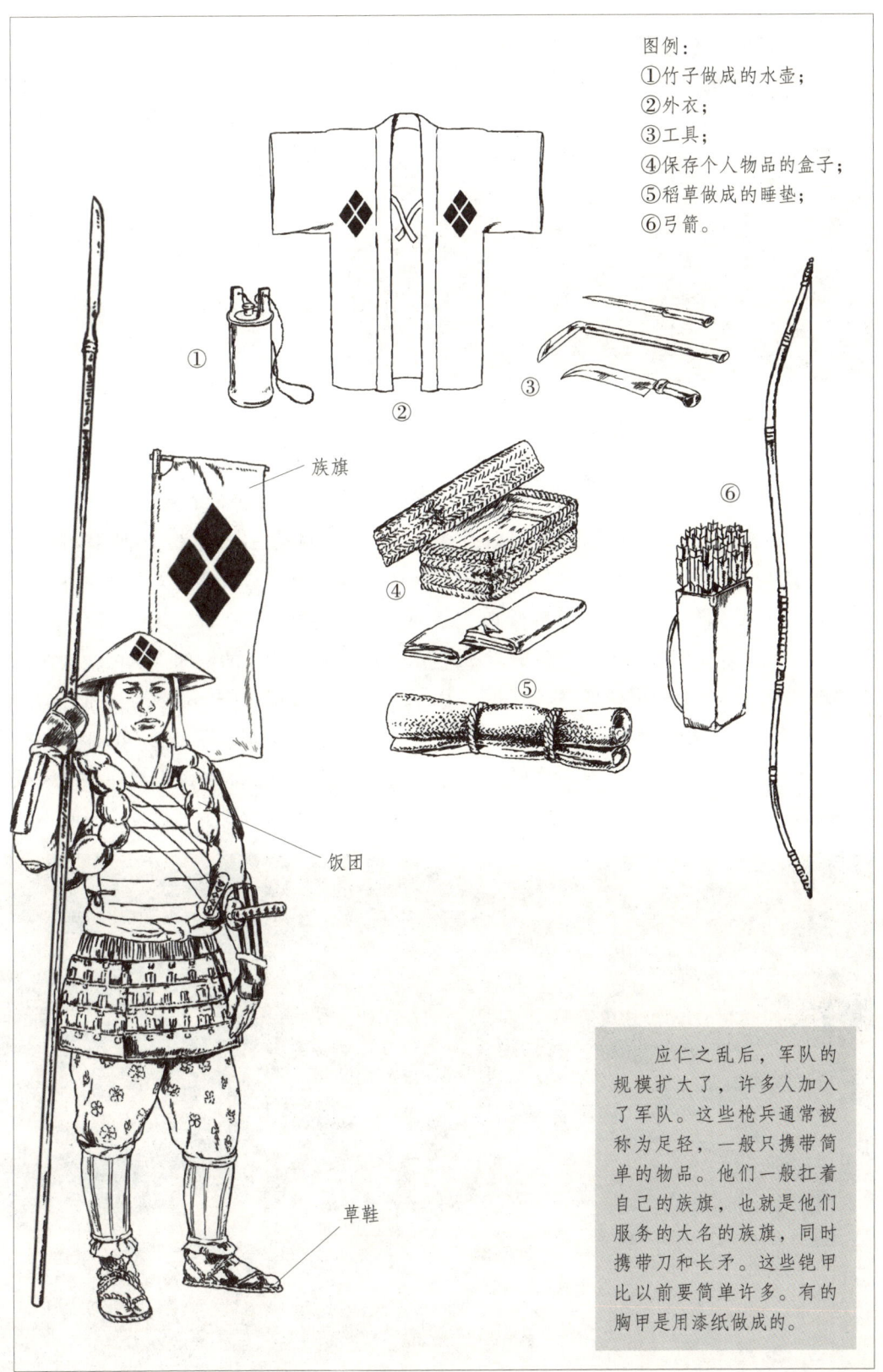

图例：
① 竹子做成的水壶；
② 外衣；
③ 工具；
④ 保存个人物品的盒子；
⑤ 稻草做成的睡垫；
⑥ 弓箭。

族旗

饭团

草鞋

应仁之乱后，军队的规模扩大了，许多人加入了军队。这些枪兵通常被称为足轻，一般只携带简单的物品。他们一般扛着自己的族旗，也就是他们服务的大名的族旗，同时携带刀和长矛。这些铠甲比以前要简单许多。有的胸甲是用漆纸做成的。

图解世界战争战法：日本武士（1200—1877年）

15世纪的守护大名非常善于征税，图上显示的是作为税赋的大米，大名会将这些大米运往首都。这样就可以更好地供养部队，所以当1467年战争爆发时，这些将领们在长达10年的时间里，能够在首都保留大批军队。敌对双方都没有成功切断对方向京城的物资运送通道。

应仁之乱（1467—1477）

长回到了首都，但是依然无法击败义就，而此时的义就已经权力尽失，逃亡到了加古川的山区。在这里他依然与政长反复作战，但双方都没有获得决定性胜利。畠山家族的部队，在政长和义就的率领下，成了一种新的战斗样式的引领者。畠山家族的争端，也引发了应仁之乱这一巨变，这场战争持续了10年，京城尽毁，自此之后日本这个岛国战火连绵不断。为了理解他们所做的贡献以及这场变革的本质，下面让我们叙述一下应仁之乱。

有时，强大的体制和组织能够产生极大的不稳定性，随着某些职位的影响力增加，他们会期望更多，并也因此成为冲突的焦点。事实上，1352年之后，守护们有权获得其所在地区一半的税赋，这又助长了他们的贪欲；与此同时，由于只有一个人能占有守护之职，守护的做法又会激怒其对手。

随着财政收入的增加，家族结构在扩大，随从队伍也在扩大，敌对势力之间必然形成党派，从而造成了互相的冲突。畠山家族就是内部仇恨最深但战斗技能又最强的家族。他们对战争的热爱，与永不妥

协的秉性绝配。最终,意志薄弱的第八代足利将军足利义政(1435—1490)已经不对畠山继承问题的和解抱有任何希望,所以他命令政长和义就召集自己的支持者,在五郎神社的树林里展开决斗。他们这么做了,结果是义就赢得了胜利。虽然之前达成的协议是任何第三方不许介入,结果政长的朋友、有权的将军代细川胜元(1430—1473)还是帮助了他。这反过来又造成义就的朋友反对,他们纠集起来准备攻击破坏誓言的胜元,但是胜元是足利政权内部的实权派,得到了大量稳固的支持。当时每位守护在京城都有一处宅邸,每个人都在自己的宅邸里屯兵,靠着对所在地区的控制权,确保人员和材料源源不断地从所在地区流向首都。从地理上说,义就的支持者绝大部分住在京城的西边,而胜元和他的支持者住在京城的东边。

在应仁之乱中被毁前,京都一直是朝廷所在地、足利将军府驻地和日本绝大多数财富集中地。这里随处可见借贷人、铁匠和盔甲制造工匠的身影。从这幅描绘首都景象的绘卷中可以明显看到京都的生机勃勃。

枪兵在训练

在加古川山区,畠山率先使用长矛训练战斗部队。他们的创新深深影响到后来的应仁之乱,并且造成了战术上的对峙局面:因为骑射手已经无法再像之前那样控制战场了。应仁之乱结束后,指挥官们开始尽可能多地训练枪兵军团。这幅图反映了16世纪中叶这些部队训练的场景。

胜元已经做好了发动战争的充分准备,并在1467年5月26日将一色义尹的住所付之一炬,从而挑起了战争。义尹的住所非常脆弱,因为这是反对细川势力在京城东面唯一的房子,也是他们唯一可以与足利将军进行接触的地方。在山名的带领下,反细川的势力摧毁了细川位于西面的房屋,于是内战爆发了。双方都在京城开战,因为这里有大量的防守严密的大名府邸,大家都不愿意逃离京城,害怕被戴上朝廷叛军的帽子,从而失去合法性,最终会孤立无援。于是局面开始僵持。

由于谁也无法获得决定性胜利,于是足利义政将这场战斗定性为单纯的私人争

图解世界战争战法：日本武士（1200—1877年） TUJIE SHIJIE ZHANZHENG ZHANFA

长矛和盾牌

枪兵的装备最适宜用于占据某地，他们构筑坚固的设施，比如战壕和土木工事来进行防御。他们还会躲在木头做成的盾牌后，如图所示。重装骑兵无法冲击他们，但在应仁之乱期间，交战双方曾使用燃烧箭和投石器对他们进行攻击，试图冲散这些持矛足轻。

图中是两名足轻，其中一人手拿敌人首级。他们装备了长矛和短刀，脖子上挂着饭团。

1467年6月25日，又有3个守护的住所和两个贵族的家被焚毁。京城大部分被焚毁后，两支军队开始围绕控制补给线争斗起来，在京城西南的战斗中，西军在山上的南禅寺成功击败了东军，从而进一步遏制了东军。西军在大内政弘（1446—1495）的带领下，率领大批武士通过濑户内海，用了8个月的时间从日本西部赶到。西军得到有力加强后，在9月13日焚毁了京城西南面最主要的寺庙三宝院，从而又切断了细川通往京城的另一条补给线。

有资料显示，早在9月13日，长矛就已经广泛使用了，当时吉川家族有6人被这种武器刺伤，此外1467年10月2日和3日，又有4人被长矛刺伤。当然，并不是所有的受伤情况都是长矛造成的，其中一名吉川家族成员是被刀砍伤的，还有5人被石头砸伤，8人被弓箭射伤。但矛伤人数增多，预示着一场重大变化的到来，因为这一次战斗中受矛伤的人比之前一个世纪中战斗中受矛伤的总数还多。尽管已经出现了战术上的变革，但是西军指挥官依然深信能够击溃东军，进而占领首都。

获胜的西军随后发动大规模进攻，目

端，从而在很大程度上忽视了它的危害性。相反，他开始追求文化上的享受，将自己的精力放在建设举世闻名的银阁寺上，这也是日本文化象征之一。

在冲突爆发开始后的两天里，双方军队焚毁了京城大部分区域，他们都希望构建一个开阔地形，供战马驰骋。那些难以防守的守护房屋或是被毁，或被遗弃，细川派在东部以及山名派在西部各损毁了3座守护府邸，此外还有7座大型寺庙和无数其他房屋被毁。细川成功控制了京城的东北角，这里坐落着天皇和将军的宫殿。山名宗全（1404—1473）集聚了大量支持自己的部队，他们扫荡了西北的许多人口稀疏区，从而巩固了自己在首都的地位。

的是摧毁势弱的东军的反抗。当进攻得势后，西军指挥官相信，他们的骑兵能够所向披靡，于是他们在10月3日将相国寺附近的房屋焚毁，从而为骑兵驰骋创造空间，但是却被细川的畠山政长的军队大败。

根据《应仁之乱编年史》记载，畠山政长的军队突然而且戏剧性地在京城中央相国寺被焚毁的空地上击败了六角的骑兵部队。政长的军队有2000人，面对的骑兵有6000~7000人。政长十分自信，宣称"即使面对百万大军也能取胜"，他率领军队在盾牌的掩护下组成密集阵形。六角的骑兵靠近满是灰烬的战场后，政长的枪兵涌向敌军，骑兵的战法无法经受枪兵的冲击，67人战死，其他人逃离。然而政长无法追歼这些敌人，因为另外一批枪兵在经验丰富的畠山义就带领下，正逼近被焚毁的四面空地，迫使政长撤离。自此以后，相国寺被废弃。

枪兵的主导地位意味着防御战术开始取代进攻战术。机动性的地位，开始让位于对于争夺地点的实质性占领。东军从1468年起，开始构筑坚固的壕沟，西军也这样做了。这些壕沟深3米，宽6米，这时的日本京城仿佛第一次世界大战的西部防线一样。瞭望塔高21~30米，可以发现敌人的位置，因而也成了袭击和进攻的焦点。每支军队都努力从各个地方招募人员充实自己的力量，并且对敌人的前沿进行袭扰。尽管收效甚微，但双方都使用石块或者燃烧箭尽力摧毁或烧毁敌人的瞭望塔。

矛与盾

长矛出击。长矛与其他兵器相比，最大的优势是能够在更远的距离击杀敌人。当使用刀的武士遇到一群使用长矛的士兵时，他注定防不胜防，最终失败。图中，一名武士被枪兵推倒在地，即将被处死。

图解世界战争战法：日本武士（1200—1877年）

小股行动

困于壕沟阻碍，双方都难以发动进攻行动，而且战争也激起了人民的反感，一些武士借诗抒怀。作战中越来越倾向于运用夜袭，动用小群步兵渗进敌人防线。足轻组成的机动作战力量焚烧敌人脆弱的工事或是敌人的营房。部队规模的增加意味着生产能力开始跟不上需求，大部分士兵都扛着相对容易制造的木制盾牌和竹箭。一些文献显示这些人戴着头盔，但也有些文献反映"他们没有长矛、没有铠甲，手里只提着刀"。然而，这个时候的足轻更多的像散兵，或者非正规军，而不是有组织的步兵阵形。

即使战斗中出现了一些非常规的足轻，但是双方军队都需要大量的铠甲和武器。地方的一些制造中心无法满足部队需求，因此大量的铠甲只能在京城制造。这

描述1184年一乃谷之战的六条屏，创作于17世纪。图中描绘了一座小城，靠近今天的东京。图中人物穿着的铠甲不是12世纪使用的，更像是后来使用的。

【枪兵】

些制造场所一般位于京城南边，它们的战略价值极其重要，这也就意味着双方军队都不愿意破坏这一地区，包括一些大寺庙，而位于京城北面的皇宫、将军府邸以及贵族和武士的房屋都已被摧毁殆尽，而作为制造中心的南部鲜有损失。

由于骑兵无法进行正面进攻，他们于是转而开始袭击在京城周围的村庄，目的是破坏对方的补给线，并开展侦察活动。1468年间，骑兵试图切断敌人的补给线，袭击散布的居民点，阻止人员和物资的输送。西军成功切断了东军通往京城的几乎所有通道，东军只剩下一条通道，但就是这一条通道，已经够细川胜元的军队生存下来。

新技术

战术上的僵持为技术创新创造了条件，一名来自和泉的工匠建造了投石机，能够将6千克的物体抛出274米。人们开始提到火枪，尽管当时谁也不知道怎么称呼它。资料显示，当时人们称它为"飞火

图解世界战争战法：日本武士（1200—1877年）

镖"，在1468年11月6日包围瞭望塔的战斗中，就用了火枪。

尽管如此，火枪在战争中并未发挥决定性作用，也没有引发战术演变，即出现主要由步兵组成并使用防御战术的大规模的部队。许多作家认为是葡萄牙火器的到来引发了技术革命、军队规模的扩张和防御设施的更广泛使用。相反，正是维持大规模军队的能力催生了战术革命，而长矛的使用反过来又让城堡工事的使用更广。作为守护代的三好长庆（1522—1564），在1547年与其主人细川的战争中获胜，这一场战争更好地阐述了即使在没有使用葡萄牙火枪的情况下，也存在着协同统一的军队，也有人蔑视现行的社会等级制度。

长庆没有准备好接收这一新武器，但仅用了900名枪兵，就打败了他的主人细

应仁之乱中的京城争夺战（1467年）

1467年5月26日的攻守双方。应仁之乱爆发后不久即陷入了僵持。图中的白色表示东军和西军的攻击地点，黑色表示防御地点。东军从北面和东面袭击西军，但没有得逞，相反，西军袭击了东军在城南的支持者。西军处于防御态势，西军的增援力量抵达，很快就恢复了在城南的控制权。

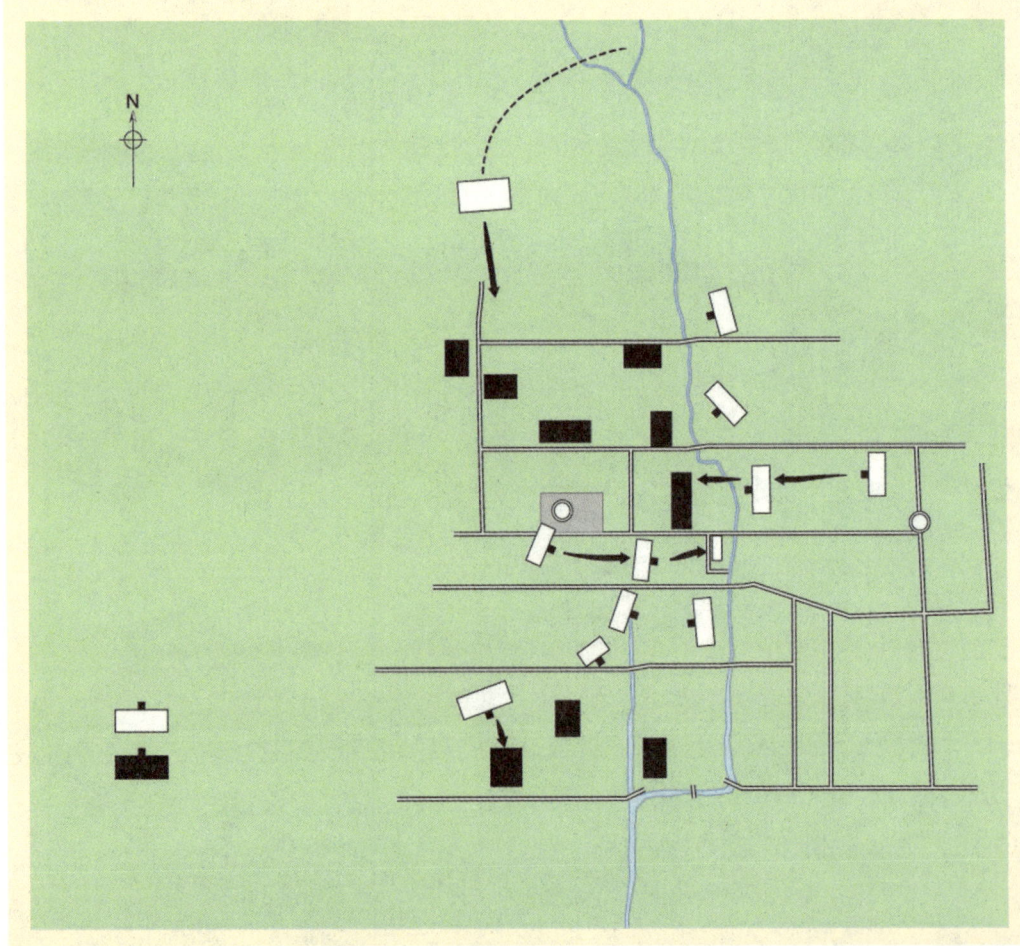

【枪 兵】

足利义辉,他是一名足利将军,但是被一位叫作三好长庆的大名杀害。长庆是"下克上"精神的代表,他对攻击和杀害自己的主人没有任何愧疚之情。这种行为即使在应仁之乱期间也没有出现,当时没有任何一个人敢攻击足利将军。义辉对自己行为自鸣得意,直到自己战败为止。图中他身着朝服,配御用刀,这幅图作于1868年,称为"百魁相"。

川晴元,并在1549年将足利义辉(1536—1565)将军赶出了京城。长庆的社会地位完全来自自己的军事实力,而其军事实力的根源就是对枪兵的娴熟使用。在整个16世纪,组织、维持和指挥军队,是军事实力的基础。

三好长庆实际上继承了应仁之乱的成果。对于城东和城西的军队来说,他们都无法在这场战争中打败对方,也无法切断对方的补给,更无法鼓动争夺地区揭竿而起反对自己的守护领主。有少数守护代或是地方武士组成的地区性组织成功推翻了他们的守护,战斗中幸存下来的人停止了对抗,并于1471年逃离首都,并力图挽救自己摇摇欲坠的权力。那些智力超群的最能够动员起部队并占据主动的人,在这场战争中发挥了重要作用,因此下一章我们就来研究这些指挥官。

第四章

指挥官

在数个世纪里,日本的战火连绵不断。大规模冲突发生在 1221 年、1274 年、1281 年、1331—1392 年,大规模暴动发生在 1339 年、1413—1418 年、1422—1425 年、1428—1429 年、1431—1438 年、1440—1444 年、1451—1456 年、1459—1463 年以及 1465 年。长达十年的灾难性的应仁之乱后,尤其是 1493 年的政变后,战争依然时有发生。虽然战争很多,但是战争中的指挥官被人们记住的却没有几个。相反,在 16 世纪后半叶的战争中,出现了数位著名的武士指挥官:武田信玄(1521—1573)、上杉谦信(1530—1578)、织田信长(1534—1582)。所有这些将领在 16 世纪下半叶非常活跃,他们的名声及其籍籍无名的继承者们,正经历着指挥、领导和军事控制领域的一场观念变革。

近期复原场景中的武田武士,指挥官坐在武田的旗帜前。

图解世界战争战法：日本武士（1200—1877年） TUJIE SHIJIE ZHANZHENG ZHANFA

1336年5月，足利袭击了新田的部队。新田的军旗可以在图上找到。足利获得了胜利，并且在1336年6月成功占领了京城。这幅版画由国即吉川绫子（1789—1861）绘制。

那些早期的指挥官之所以籍籍无名，重要的原因是他们参加的战争——包括15世纪上半叶的许多战争——规模有限。通过梳理这些年的战争，可以发现战争经常发生，但事实上大部分争端是家族内部祸起萧墙，互相争夺守护的位置，死伤也有限。当然其中有一些冲突规模很大，但即使是应仁之乱中也没有出现什么传奇色彩的将领。

对于指挥官来说，让人遵守命令、甘冒生命危险是最大的挑战，而要想13世纪思维自由的武士做到这一点，更是困难重重，因为武士将自己的土地和自主权看得比什么都高。武士希望获得姓氏和认可，因而不会轻易支持一场战争。在蒙古人入侵之前，一名地方武装头领命令士兵就地待命，但是竹崎季长可不赞同这种拖延。他宣称武士之道在于体现出赏赐的价值，他向前进攻，但很快就被射下了马。即使如此，他依然要求为自己第一个进攻而获得赏赐。镰仓幕府在蒙古入侵期间不断发布命令，要求士兵们听从指挥官的命令，但是这些命令反复出现的本身，就说明当时指挥链的缺失。当然，即使是将领本身也可能不会听从命令。从军事角度来看，最大的难题是士兵杀死或者击伤敌人后，会想方设法割下敌人的首级，作为自己勇气的证明。正是这一因素，使得一些人，比如菊池武房在台风袭击了蒙古人之后，赶到九州北面的海滩上寻找淹死的蒙古士兵的首级。士兵砍下敌人首级后，会脱离战场跑到指挥官处邀赏。1338年，指挥官发布命令，要求武士们不是砍下敌人的脑袋，而是要找到证人。但当北畠显家被杀后，杀死他的人和砍下他首级的人得到的赏赐却一样。

13世纪后期和14世纪的指挥官们不仅无法指挥士兵，也无法收拢他们。为了让士兵留在战场上，他们不得不许愿封赏。那些有能力的指挥官，比如足利尊氏，就使用非常高明的手段奖励自己的随从，并使自己言而有信。相反，他刚愎自用的儿子直冬承诺允许部队获得任何想要的东西。于是直冬很快就组成庞大部队,但随后又发布了相反的命令,将同样一块土地封赏给了两个人,于是这些部队很快四散离去。

土地是一件难题,因为只有有了土地才能保留军队,因此指挥官往往用其他东西打赏部队。足利尊氏有时会赠送宝刀给属下,有时会允许他们使用自己的家纹。即使是非常简单的礼物,都可以在武士身上产生巨大影响。1709—1716年担任德川幕府经筵的日本儒学家新井白石(1657—1725)在其自传中记载到,他的祖父在16世纪晚期参加一场战斗,战斗结束后,指挥官赏赐了他一副筷子,这副筷子也就成了他最宝贵的东西。当然,指挥官赠与武士最宝贵的礼物,依然是一张确认地产权利的契约,以及表示与当局特殊联系的封赏证明。

尊氏对书写文件非常用心,他还设计了一种非常新颖和漂亮的字体,这也成为后来一个半世纪里武士们的标准用字。有时,他会使用一种蓝色墨水,而他的前辈、伟大的源义经就曾在12世纪使用了这种墨水。他不害怕死亡,当然他不会亲自带兵杀敌。即使在1336年6月30日的战斗中,尊氏始终留在东寺里,新田义贞挑战他时,他选择了视而不见。这种行为没有给他带来羞辱;相反,东寺宣称永不开启此门。尊氏甚至在战斗过程中作诗。他处事镇定,他认为在1336年让刚刚俘获的后醍醐天皇逃走是件好事,因为他不再需要保护这位主上了。

尊氏还崇尚佛教,亲自绘制佛像,自己一般不上战场。他封赏属下以及让属下对其尽忠的能力,使得他的地位无法被撼动。在一场与其弟弟直义(1306—1352)

江户,是德川幕府在1603—1867年间的府邸。德川幕府越来越倚重于新井白石这样的谋士治理国家。

图解世界战争战法：日本武士（1200—1877年）

的争斗中，他在1351年被击败，身边只剩下了42个随从。于是他向弟弟"投降"，但他随后就要求对其手下进行赏赐。他的弟弟同意了他的请求，然而尊氏表现得仿佛自己赢得了战争，因此是他首先赏赐了他的手下。这一看似细微的差别影响却是巨大的，因为尊氏赏赐的是最有价值和最历久弥新的礼物。后来当尊氏密谋反对他的弟弟时，大部分武士都站在了他的一边。

尊氏统御的方法是有效的，他建立的王朝持续了237年之久。他的大度和封赏的能力，在那个年代招募军队过程中扮演了重要角色。那个时候的士兵散漫惯了，无组织无纪律，因此任何想对战场进行微观调控的尝试都注定会失败。真实情况是：部队被派到特定区域后，他们就按照自己认为合适的方式作战。

灵活的统治者

谁要想统治这个岛国，那么必要的灵活性和愿意妥协的能力是至关重要的。最强大的武士应当是那些能最大程度保护其利益的人，对于弱者来说，最好的办法是依附于强者。作为那个时代最强大的领袖，尊氏能够平衡各方的利益，提携弱小的盟友和远房的亲戚，同时也吸引具有最强实力的武士加入他的事业之中。他首先是一个赏赐者，很重视将土地权利、称谓、姓氏或特权赐给属下。他不愿意对土地进行直接统治，但对那些意图对别人施舍馈赠的人，他却会立刻攻击，比如他那不幸的儿子直冬。直冬妄图通过单方面巩固土地所有权来挑战尊氏的权威，而后者在进攻自己儿子时则没有丝毫不安。

尊氏最大的赏赐被称为半济税，即允许地区的守护获得本地区一半的税赋。得到这一赏赐的地方诸侯，可以维持和扩大军队，这一点我们已经看到了。一些大地方诸侯往往获得了极大的利益，比如山

武器扛夫

16世纪的军队需要许多扛夫来运送物资补给。扛夫以及一些低阶层的武士，比如插图中这位身穿铠甲的武士，也担负运送弓箭的任务。

弓

箭筒

肋差

弓袋

名家族，一度是日本 66 个郡国中 11 个郡国的守护，这些人在战争中左右逢源、到处讨好。

尊氏的儿子义诠（1330—1367）在笼络武士的问题上做得不如他成功。慢慢地，在 14 世纪 60 年代，虽然一些豪族站在了足利的一边，但是如何让这些人满意的问题开始凸显，加之义诠喜欢酗酒，得了高血压，最终他在 38 岁时因为鼻子流血不止而死。

这种状态是不稳固的，需要不断地诱哄，才能使那些桀骜不驯的武士们听话，否则他们就会揭竿而起。这个时候出现了一种新的事物，那些原本不愿意轻易赏赐的将领们，现在开始颁发旌表状。阿苏宗明（卒于 1334 年）是第一个这样做的人，

他在 1333 年 4 月 21 日写了这个旌表状："在千早城堡以北山区之战中，斩一敌首，厥功甚伟，特予旌表。"宗明颁发了许多旌表状，通过这种方式保持了部队的团结。在他的部队围困一座敌城时，他奋战效力的镰仓幕府政权却因为叛乱而被消灭，这让宗明遇到了前所未有的困难。宗明成功地让军队团结在一起，同时也赢得了士兵的拥护，直到他

武士斩首俘虏的插图，摘自《平治物语绘卷》。当时的士兵需要证明自己在战场的作为，而获得这种令人恐怖的战利品是他们的生存之道。

指物

随着部队规模以及协调能力的增加，士兵们开始在背上插着旗子，便于辨认。一个作战团队中，有一人将旗子背在自己的背上，便于自己的部队协同辨认，这些物品被称为指物。16 世纪后期的大部分铠甲也有鲜明的特点，也可以用来表示自己所属的队伍。

图解世界战争战法：日本武士（1200—1877年）TUJIE SHIJIE ZHANZHENG ZHANFA

旭日旗

16世纪的指挥官越来越重视装饰。旭日旗成了后来一些人喜欢的装饰旗。

与后醍醐天皇的新政权达成协议后，他才解散了军队。

还有指挥官通过经常性通信的方式维护自己的权威。今川了俊（1326—1420）在1370年被任命为足利部队九州地区指挥之前，与九州没有任何联系。赴任后的第二年，他给当地武士写了大量信件，发布了许多政令，很多当地的武士以前从来没有收到过这样的信件。在对川添城彰的研究过程中，学者发现了了俊留下的472封书信，其中132封信是他发给手下武士的详细指示。通过这些信件，还有他的努力，他在四分之一个世纪里成功获得了当地武士的支持。了俊同时还创作文学作品，这一点与一名武士头领的形象仿佛不相符。

了俊职业生涯中的一个事件，从侧面反映了指挥官面临不愿意听令的士兵和盟友的困境。他邀请一个名叫少弐冬介的狡诈的指挥官赴宴，处死了这个不听指挥的人。但这一做法却让他的权威受损，许多盟友离去，他的力量受到极大削弱。但在接下来的20年时间里，他成功地恢复了权力，由于克制自己不再处死他人，他获得了巨大成功。相比之下，尊氏则是更负盛名的指挥官，他成功的原因是不结仇，甚至对敌人都赏赐。很显然，在14世纪的御家人当中，还没有所谓忠诚的观念。

足利的统治模式

尊氏的孙子足利义满（1358—1408）非常善于赢得别人对自己的忠诚，他的手段是一系列的宫廷礼仪。早在孩童时期，他就经历了内战的动荡，5岁时就不得不远逃他乡，这种经历成了他不顾一切稳固权力的内在动因。义满还是孩童时，就有人专门保护他，这人就是被封为管领的细川赖之（1329—1392）。赖之竭尽全力帮助

树立足利家族的声望与权威,但是当义满获得权力后,他却在1379年将赖之赶出了京城,让3个互相竞争的家族畠山、细川、柴犬竞争管领的职位,这也就意味着3家处于长期互相竞争的状态。幕府中其他次一些职位则由4个特权家族掌控,其中就包括山名和赤松家族,而这又进一步激化了他们之间的敌对。义满制定了一整套武士家族相互竞争的体系,与此同时,由于所有的权力都属于担任守护职位的人,于是家族内的争端更为普遍。

义满本人更像是一个朝臣,而不是一位将军,他对宫廷礼仪的精通程度镇住了守护们以及宫廷里的神职人员。他大搞排场周游各地,目的是刺探守护的权力,与此同时,他会征收重税,用以兴建宫殿和庙宇。义满还兴建了一处被称为"花宫"的宫殿,超过了当时天皇的宫殿。1399年,他兴建了一处被称为相国寺的寺庙,以纪念自己42岁生日,这个寺庙的塔有7层,超过了当时京城所有的建筑。最后,他还兴建了金阁寺,这个寺庙一直存在到了1950年,后被一个疯和尚焚毁。金阁寺成了义满统治手段的缩影,从1397年开始,他在10年里兴建了10座建筑。臼井延吉估计,这座建筑全部完工,共耗费了约100万判金。1判金相当于1000美元,也就是全部的耗费超过了10亿美元。

义满还修建了一处庭院,里面有泉水和从日本各地移植的树木,以至于一位将领说,就是用天堂来换,他也不会交换义满修建的这座园子。

由于义满的成功,足利家慢慢成了皇室和地方诸侯们可望而不可即的形象。义满居中调停争端,并攻击了两个最有势力的大名:1392年对山名家,将他们占有的郡国数量由11个减少到9个;在1399年的动乱后,大内家族的羽翼也被剪除。义满仿佛已经成了皇帝,被各种绚丽的仪式包裹着,被人们口头称颂,慢慢地,他变成了高高在上但绝非是伟大朝臣的形象。

义满的儿子义持(1386—1428)继承了将军之位,但他是一个傀儡。尽管义满更像是一个朝臣,有时还像一个神僧而不像是一个军事头领,但是他牢牢掌握着控制权。然而,他的突然死亡,意味着对他的政策心生不满的儿子义持开始掌权。义持系统地推翻了他的父亲所有政策,废除了廷臣的仪式,喜欢与大名们商量办事,且杀死了他的弟弟义嗣。义持的统治是建立在主要守护们一致支持的基础之上的,

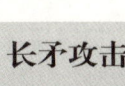

长矛攻击

大名们掌握了越来越多的部队,对枪兵的训练也越发有效,士兵们已经能够使用越来越长的矛了。图中长矛的个头只是中等,但已经达到了5.5米,后来织田信长的士兵们用的矛已达到了8.8米。

图解世界战争战法：日本武士（1200—1877年） TUJIE SHIJIE ZHANZHENG ZHANFA

足利义满是第三代足利将军，在对南朝的军事行动中大获全胜，也击败了所有敌对守护。他成了"日本国王"，正如插图中显示的，他仿佛是一个太上皇的形象。

最主要的是畠山、柴犬和细川3个大家族。他选择不去直接指挥，而是咨询望族意见，这种统治方式平凡无奇。

足利统治者：义持

义持希望自己能像谜一样，在这一点上，他有了巨大的成功。他成功挫败了几个小的叛乱，足利家族在他的任上没有发生什么新的问题。他的独生子早夭，使其后继无人，就像他的所有统治方法那样，他没有在生前指定继承人。因此管领和高僧商量后，在神社祈祷，然后通过抓阄的方式确定下一任将军人选。义持的一位弟弟、一名天台宗僧侣最终继位。

义 教

义教（1394—1441）是第六代将军，他最初的名字是义圆（庆喜），但这名字听起来和"苦难社会"相近，于是将军将他的名字改了。不安全感和残酷暴虐是义教掌权时期的特点。他因为饭菜不合口味而处决了一名厨师，而且插手了大量的继

足利义持（1386—1428），义满的儿子，1394年继位成为将军，但是在他父亲于1408年去世之前，他手里很少有权力。义满事实上成了太上皇。但他死后，他的儿子改变了政策，并且不断强调足利将军的武家本质。他也是当时朝廷的重要人物，图中他穿着朝服。在制定政策过程中，他常常与重要的守护商议决定，无嗣，死后的继承人由抓阄决定。

【指挥官】

金阁寺是足利义满权力的象征。他将该寺建在了西园寺旁边,西园寺是13—14世纪最有权势的廷臣家族所建,寺院的建筑极其宏伟,反映出义满融谦和与武家为一体的风格。

承问题,有几次还刺杀了有名望的守护。这位独裁者让所有人感到恐惧,因而造成了很多动荡。他行为古怪,此外他还时不时用占卜的方式决定政策,这是他所深信的决策的方法。义教曾经是天台宗主要寺庙、坐落于首都东北方的延历寺住持,因此他不能容忍任何宗教上的对抗。延历寺的僧侣经常参加暴力抗议活动,和尚们会抬起圣轿,放在繁忙的路口中央,因此制造交通堵塞。义教命令和尚停止抗议,还命令武士向这些手无寸铁的和尚动武。可笑的是,武士们由于害怕神灵报应,纷纷逃离。不服从命令的情况越来越多,有一个守护因为担心有生命危险,邀请义教去看猿乐,这是一种足利义满和他的继承者们非常喜欢的高度抽象的戏剧。在看戏过程中,义教被刺杀。

义 政

最后一个值得一提的足利将军是义政(1436—1490),此人竭力避免挑事,结果却触怒了所有人。他常常会只宠信某个人,比如畠山,但结果他让所有人都失望了。就在他的眼皮底下,应仁之乱爆发,受益于足利家族的权威,义政本人没有在混乱中遭到攻击。他更愿意做的是建造银阁寺,这座庙宇全身裹着黑漆而不是金子。经过几个世纪的演变,黑漆慢慢泛出白色,成为了银色,所以才以银阁寺闻名于世。

义 材

义政的儿子年轻时饮酒而死,他的侄子义材(1466—1523)成为了下一代将军。义材在1493年管领细川政元(1466—1507)发动的政变中被赶下台,这也是日

图解世界战争战法：日本武士（1200—1877年） TUJIE SHIJIE ZHANZHENG ZHANFA

延历寺的大黑堂，坐落在比叡山上。延历寺的僧侣经常参加武装示威活动。1336年，在寺庙附近就发生过战争，但是这些建筑直到1571年之前都是完好的，织田信长后来摧毁了山上的所有建筑。到了丰臣秀吉时代，这些建筑才得以恢复。

本战国时代的开端。义材于是在全日本流亡，在得到大内家族的支持下，于1508年返回京城，后来在1518年又被逐出京城。

上面列举的足利家族的例子，反映出在15—16世纪，日本统治观念中的文化变化。足利式的统治方式，其效果越来越差，于是一个更为有效的模式开始出现了。这一转变可以在义教死后150年的一个有关延历寺的事件中看到端倪。在1571年9月21日，织田信长下令烧毁延历寺，杀死比叡山上的所有僧侣，焚烧所有房屋，而士兵们听从了命令。随着时间的推移，士兵们越来越遵守命令，同时对报应的恐惧也越来越少了。

态度的转变

有关统御观念的文化变化影响深远，这也可以解释为什么只有那些战死沙场的将领们才能青史留名或是在后来的岁月里被人们理想化。这些将领中就包括新田义贞和楠木正成,这两人都是反对足利的,虽然他们的战功并不显赫,但是却成了人们心里的理想形象。正成在1333年抗击阿苏宗明和镰仓军队的侵略,成功保护了他们的城堡千早,但是他的军队在1336年被消灭。新田义贞的实际形象则更加糟糕,他与一群骑兵骑马闯过稻田时从马上摔了下来,结果被流箭杀死。

然而,义贞成为了"公正"的代言词,例如,他拒绝焚烧一座桥梁来阻击足利的追兵;还有,他要求与足利尊氏决斗,而胜者则获得统治国家的霸权。这些不管是不是真实的,都丝毫没有影响后世对他们的缅怀。

正成死后成为了绝对忠诚的象征。他被绘进了14世纪的编年史《太平记》中,书中记载,正成祈祷要重生七次,好为天皇作战。这句话在19—20世纪,被当时的日本思想家们套用,鼓吹为国赴死的献身意识。这也反映出人们观念的变化,因为在14世纪根本不会出现这样的说法,因为救世和脱离世俗的思想,被当作依附于政治的极端想法。毫不意外,在《太平记》一书中,正成是一个恶魔人物。但到了16世纪,这种为了政治事业的奉献成了一种最高尚的美德,楠木正成的形象不断高大,官方也赦免了其后人因他当初反对足利家族犯下的"罪行"。16世纪的武士们都将正成或义贞作为自己的榜样。上杉谦信就遵行新田义贞所彰显的公平精神,即使面对军事上的劣势时,依然没有切断对手武田信玄的运输通道,因为在他看来这样取胜不是一个伟大将领应该做的。

讽刺的是,16世纪的绝大部分著名将领几乎毫无例外都不是出色的军事统

新田义贞

足利尊氏的对手义贞摧毁了镰仓政权,但被足利击败,后来因为摔到了稻田里,人仰马翻,被弓箭手射死。从插图中我们可以看到14世纪的头盔变化,上面更多地使用了立物做装饰。还要注意他右臂上悬挂的布做的标识。

帅。武田信玄和上杉谦信这两位著名的对手,在战场上却是多次败北。唯一的例外就是织田信长,但他也是战国时期名声最坏的将领了,我们将在本书后面的部分对他进行深入研究。

畠山弥三郎曾经率领部队与来自河内

图解世界战争战法：日本武士（1200—1877年） TUJIE SHIJIE ZHANZHENG ZHANFA

银阁寺由第八代将军义政兴建。它是与应仁之乱同时期的日本东山文化的缩影。这座木质结构的建筑原本覆盖的是黑色的漆，但是经过几个世纪的演变，黑漆变成白色（门框处依然可以看到黑漆），以至于18世纪的参观者们误认为这座建筑镀了白银。

和加古川地区的枪兵进行作战，他是一位战术天才，在他的战斗生涯里，他采取了革命性的战术，可惜的是他在应仁之乱爆发前7年，也就是1459年突然去世，正因为如此，他才籍籍无名。

指挥权威的新模式

将领因其形象、性格和魅力而闻名，但是应仁之乱中的作战战术的本质特点让指挥官们无法通过击退敌人的进攻而闻名。相反，固守阵地、据守要地以及招募大规模部队的能力，成为胜败的关键。正如我们很少记住第一次世界大战中的将领一样，应仁之乱中的将领们的形象越来越模糊了。

然而畠山弥三郎开启了变革的大门，随着常备军的出现，部队能够以固定的阵形机动，指挥官的角色也变得越来越重要了。著名的战国时代在1477年开始了，其结束有两种说法：一是1588年结束，即武士们与土地的联系结束了；二是

【指挥官】

1590 年，即最后一位大名战死沙场。这些年里见证了将领们冉冉升起，他们的形象富有魅力，穿着绚丽的铠甲，还能够高效组织和带领部队作战。

指挥官的角色至关重要，只有他们才能确保部队的团结统一。他们在战场的猝死或意外战死将会导致灾难性后果。比如今川义元所在的家族在日本中东部地区已经统治了超过两个世纪。但是在1560年的桶狭间之战中，他遭到织田信长的部队奇袭并战死。于是他的军队溃不成军，今川家族对这些地区的统治也终结了。

指挥官之所以重要，是因为他们是权威的象征。绝大部分将领自称意为"公众之人"的"官家"，并认为自己的权威是"公众利益"，这也就意味着他及其亲属已经将管辖地私有化了。他们很少直接管理或指挥部队，因为部队人数太多，根本看不到指挥官的纸扇，所谓的纸扇，是一种用纸做成的折叠物品，其上绘制了鲜艳的图案。这些人一旦战死，后果不堪设想：部队会立刻解散，就像 1560 年今川部队那样。为了更好地理解权威的本质，让我们聚焦战国时期的指挥官。他们与足利将军不同，其中很多人被后世铭记。

被任命为守护的人，也就是他们所在地区的巡护官或地主，拥有巨大优势。守

武士指挥官

14 世纪的武士指挥官通常手持纸扇，这是自己权威的象征。他穿着老式的铠甲，但是头盔的立物却与原来样式不同，他脚穿熊皮靴子，而不是简单的草鞋。插图中的这位指挥官只穿了简单的护腿，但是到了 14 世纪中期，护膝和护腿逐渐流行开来。一般来说，指挥官还会穿上锁子甲来保护自己的腿部。

图解世界战争战法：日本武士（1200—1877年）

今川义元（1519—1560），一位非常有名的大名。他自认为已经在桶狭间的战斗中击败了织田信长，却在驻地遭到突袭并战死。他死之后，军队解散，而从14世纪开始就一直担任守护的今川家族也随之崩溃。信长常常随身携带义元的宝刀，他在刀上刻着"今川义元之刀，1560年5月19日死于信长之手"。

护或者说后来又被称为大名的人大部分都居住在京城，他们指派代理来履行日常职责。指挥官和地方军阀都是非常富裕的人，因为他们的职位可以使自己获得当地一半的税赋。应仁之乱后，需要有人行使权威，土地所有权也需要确认。地方的行政区域开始与实际的控制范围相同，这也就意味着必须将很大比例的人口动员起来，编入军队，加强本地区的防卫。为了更好地理解这些军队面临的物质限制，让我们研究一下军队的组织、装备和防护情况。

16世纪的军队

当时已经存在了各种各样的动员方式，一些非常成功的大名，比如上杉依赖于自己的支持者，这种情况和一个世纪之前没有变化，但是他们已经不再将占有的土地数量，作为自己承担军事任务和保留部队规模的依据。1495—1590年统治东部日本的后北条，则反其道而行之，他们根据自己占有土地的数量构建军队。他们成功分解了其支持者拥有的土地，将部队规模与拥有的土地数量直接挂钩。

他们还做了大量的调查，根据土地的生产能力给土地估值。然而，行政效率不会直接转化成为生存能力：更加"原始的"上杉成功地在动荡的战国时代活了下来，而组织性更强的北条则没有。

【指挥官】

旗兵

从这幅旗兵插图中，可以清楚地看到旗帜插在他的铠甲上。在铠甲的下端，系着或者焊着一个金属插口，并且通过圆形或者方形的环与铠甲的上部连接。通过木棍或者竹棍将旗子插入环中。

城防技术

城防技术也出现了巨大变化，北条的战争生涯就是这种变化的缩影。北条早云在伊豆山区的国市要塞据守，他使用一根绳索绕山顶一周，中间用木桩固定，建造了这个要塞。这些"绳张"成了这种类型要塞的代名词，因为被绳子围住的区域内，会建造大量的土墙，这些土墙很陡，以至于植物无法在其上生长。有些时候，人们会用木板临时盖住这些墙定型。在这些墙上会建设各种木质房屋，房屋的旁边就是大量的壕沟。在日本中部，大约从16世纪40年代开始，土墙上的一些薄弱地方会用砾石进行加固，位于京城东部近江地区的正乐寺就是这类城池的典型例子。在城池建造技术上，中部地区落后许多，西部地区领先很多，他们早在1508年就已构建更复杂、笔直且稳固的石头墙。用石墙支撑的要塞最早出现在16世纪60年代，比如在川中岛战场附近由武田信玄建造的海津要塞。

到了16世纪70年代，几乎所有的城池都建在平原上，建在市场的中心位置，而不是易守难攻的山区。建造技术的提升，使指挥官对石头墙更有信心，当然，关注点已不再是防守，而是对交易市场的控制上。税收、贸易和市场的重要性上升，已经超过了或者至少等同于保卫

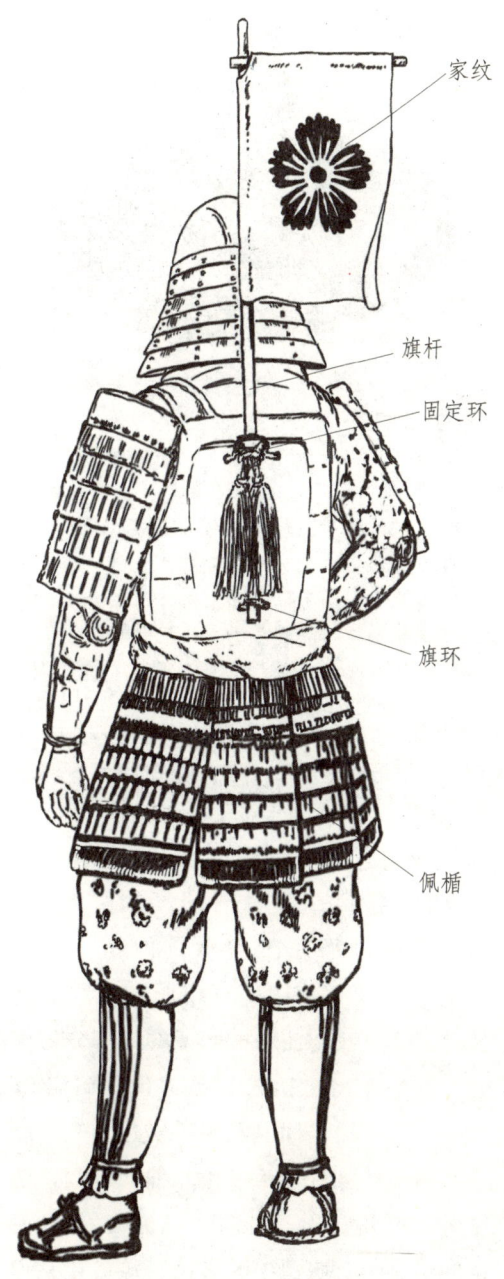

特定地区的重要性。这一点可以从士兵的武装上得到证明。

16世纪的铠甲

不管组织形式如何，所有军队都需要更大规模的人员，这又催生了武士们的武器和铠甲的变化。我们能看到，军队的制

纸铠甲

要给每个士兵都提供铠甲,这是很难做到的,因此一些人只能使用纸铠甲了。伊泽城彰使用的一套纸铠甲就是完全使用日本纸做成的。人们可能认为纸做的铠甲不耐用,实际上纸铠甲的硬度足够保护身体所需。日本纸非常有韧性,比欧洲纸更加耐用,因为它是由桑树皮制成的。这种纸一般会涂上漆,能够成为坚硬漆黑的铠甲,虽然和皮革不同,但是能够产生足够的防护。此外,轻便成为它的另外一个优势,因此即使护腿和笼手也是用纸制造的。图中的头盔就是漆纸制造的,其优势就是轻便、不生锈且可以提供中等防护。

服在16世纪已经逐渐出现了,且铠甲上出现了大名们的家纹。后北条遗留下来的那些铠甲显得尤为珍贵,他在1524—1590年期间就使用了三角形的家纹。大名的家纹一般刻在保护躯干的那部分铠甲上,这也使得它比较容易辨认。到了16世纪,铠甲的名称也发生了变化,开始使用"当世具足"来称呼,其样式也与之前发生了很大变化。所谓"具足",指的是一种头盔加金属铠甲的服饰,可以用来保护人的躯干、胳膊和大腿。这个名词本身在13世纪就已经出现了,只是在后来的世纪里使用得越来越多。

躯干的防护

后来的铠甲对于身体保护做得更好,尤其是躯干部分的防护漏洞少了很多。金

甲的样式

早期日本的甲可以上溯到14世纪,但是现存最早的样品是16世纪的,当时的锁子甲是很流行的,且制造工艺非常先进。当然也存在许多其他的连接样式,主要是根据锁子连接的数量而定,有3股、4股、6股、8股之分。锁子甲可以用来保护小腿、手、腿和脖子。以下就是一些典型的编织方式。草环锁是最老的样式。"南蛮锁"得名于欧洲人或"南方野人"。

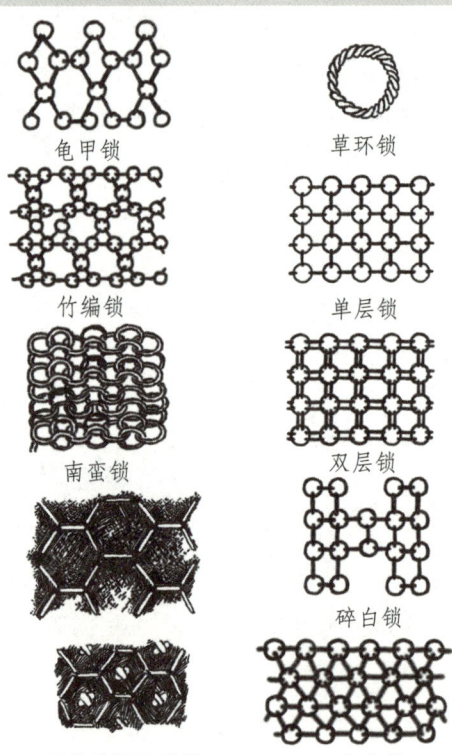

龟甲锁　　草环锁
竹编锁　　单层锁
南蛮锁　　双层锁
　　　　　碎白锁
两种桔梗X形锁　花式锁

属超过了漆器,更多地应用于铠甲之中,但漆板依然在使用。然而,最主要的变化是将各种金属片连接在一起的链子,穗带的款式变成了甲板组"系悬",它逐渐取代了之前的穗带梯式。

甲板组样式可以节省穗带,而穗带容易粘脏,长途行军一旦湿了很难变干,因此穗带变少是有优势的。此外,使问题更加严重的是,被水浸湿的穗带在冬天会冻

当世具足铠甲

16世纪，头盔开始出现，当时的头盔只是用几片铁皮保护人的头部，而武士们则在这方寸之地上添加了许多装饰，尤其是指挥官，好使自己在战场上更加凸显。这些头盔被称为兜钵，也就是"唯一"或"独特"的头盔，这是16世纪后期的炫耀浮夸的重要体现。与本多利明使用鹿角不同，图中的头盔使用了巨大的牛角，这是17世纪头盔的代表。铠甲有很多系带，还有其他一些饰物，比如头盔侧面的两个吹返，这仿佛又回到了原来的形式。

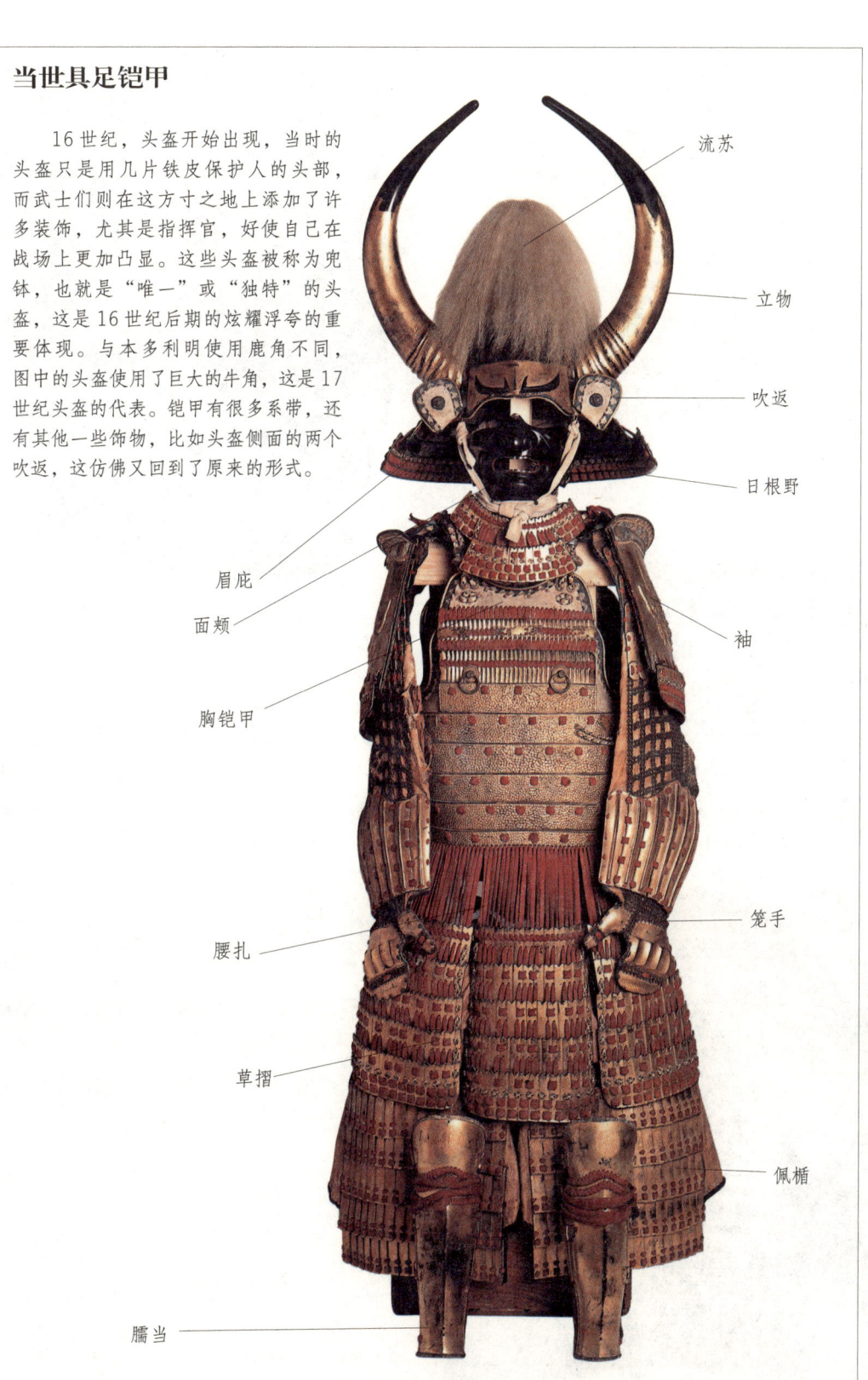

- 流苏
- 立物
- 吹返
- 日根野
- 眉庇
- 面颊
- 袖
- 胸铠甲
- 笼手
- 腰扎
- 佩楯
- 草摺
- 臑当

结,让铠甲难以穿着。一些评论者如酒井原光山就认为,穗带可以缠住矛的刺头,进而减少其危害。16 世纪的女武士鹤姬使用的铠甲就展示出了这种独特的 X 形甲板组波纹。

另外一种铠甲的类型就是叠胴具足,它是由许多小的方形防护片组成,其样式像纸牌,因而被称为叠胴铠甲,锁子缝在织物背面,省去了系在一起的麻烦。这种铠甲比较便宜且持久耐用,成为低级武士的钟爱。简而言之,铠甲的进步提高了在战场上的实用性,面对长矛时可以更好地发挥防护作用。

后北条则使用一种更精致、先进的军事组织,统御着大量的军队。北条能够让所有士兵的铠甲上都印有家纹,因此他所有的手下都非常容易辨认。

中岛建机使用的铠甲就是典型的例子。这套铠甲由强化金属做成,用皮革包裹着的铁片,可以很好地保护人的躯体,同时各种防护片紧密地组装在一起,可以

雪下胴。图中的胸甲就是雪下铠甲。这种铠甲通常在后北条的军队里广泛使用。

保护人的躯干下半部分,这种款式其实已经存在了好几个世纪,只是这套铠甲更为简单,只在底部才有些许绳穗。在这套铠甲胸部居中处装饰着金质的北条家家纹。

头盔的样式

15—16 世纪,头盔的样式变化也非常丰富。山上八力使用的头盔说明,早在 1510 年就已经出现了一种新型的头盔,由一松信家制造而成。这种头盔就是由铁支撑,没有任何装饰,8 块精心塑型的铁片通过金属铆钉牢固地连接在一起。其他

丸头头盔。丸头头盔就是"头状"的头盔,由厚重的钢块制成,设计简单。日根野从头盔上垂下来,可以保护脖子的后部。这种结构非常耐用,同时也可以增加装饰物品,当然就同图中这顶头盔一样,有的人喜欢简单,图中头盔唯一的装饰就是一个小虾的形状和红色金色的漆。

16 世纪的头盔

16 世纪见证了头盔设计革命。铠甲的材质是金属,折叠的护片可以保护眉头。这种设计使得丸头头盔可以少使用重量大的钢板。此外这些好用的头盔比较平整,许多士兵会根据自己的喜好对它进行装点。请注意桃形头盔的样式。提灯形头盔可能是根据中国或蒙古的样式设计的,且一种日本独有的日根野从头盔上垂下来,而唐冠或者说鸟形头盔则装饰得很像鸟。星兜或星形头盔则和古老的头盔相似,使用铆钉作为装饰。南蛮帽形头盔主要由步兵使用,于 1575 年首次被记录,最早可能在日本关东使用。这种类型的防护手段主要由低级士兵或者 17—19 世纪的火枪兵使用。

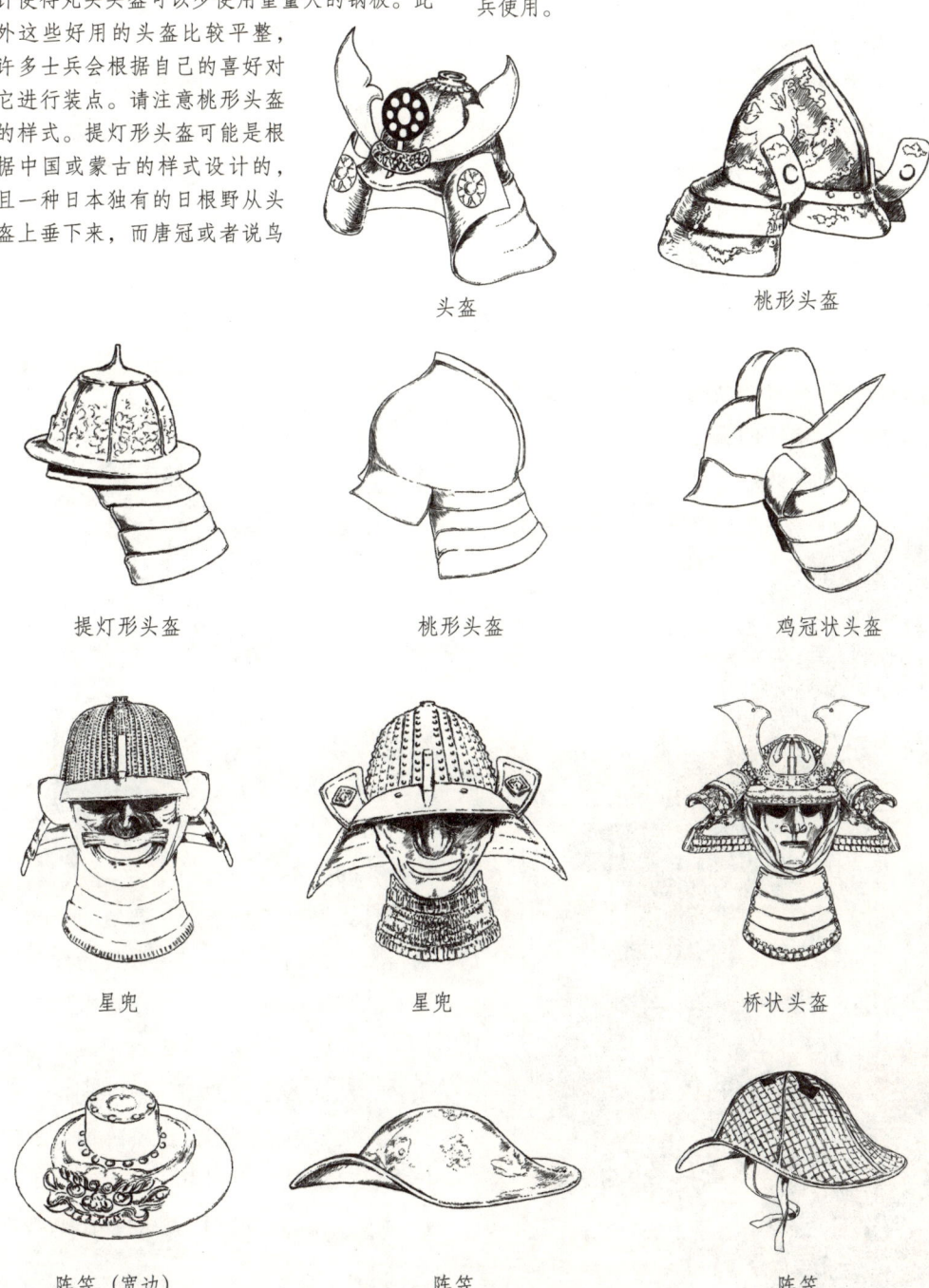

头盔　　桃形头盔

提灯形头盔　　桃形头盔　　鸡冠状头盔

星兜　　星兜　　桥状头盔

阵笠(宽边)　　阵笠　　阵笠

图解世界战争战法：日本武士（1200—1877年）

头盔则会使用精美的装饰铆钉，有的头盔甚至会用2000个铆钉之多，这种做法除了会增加重量外没有任何优点，但在当时却非常流行。大部分头盔的材质都是钢，但也有的使用强化后的皮革制成。

另外一种新型的头盔就是丸头头盔，也就是"头状"的意思，它是由少量经过塑型的防护片组成，这些防护片可以使用厚重的钢，因为用钢设计简单且经久耐用。这些头盔通常用那些使用最多的家族名字命名，比如和泉的姬野，也有的称为越中，因为细川家族非常喜欢用它。

一旦头盔工匠可以使用少量金属片制造头盔，那么各种新的富有创新的设计就应运而生。将领们和士兵们都竞相穿戴新奇的头盔或兜钵。有些人仿造乌帽子，有的人则将头盔设计成鲶鱼

甲板组铠甲

甲板组铠甲是直立式铠甲。这幅插图是根据本多忠胜（1548—1610）使用的铠甲绘制的。本多忠胜是德川家康最信任的将领，也是伊势的大名。头盔正面的飞眼脸是当时非常有名的设计，帽子上的鹿角使用木头和漆纸。虽然图中很难看清，但是护腿和护胳膊的铠甲都是锁子甲。铠甲的四周还刻着玫瑰经。

尾的样式。有的人模仿中国的样式，有的人则设计成鲭尾、海螺壳、鹿角的样式，最为奇特的是将其设计成为猴脸的样子。随着军队越来越庞大，指挥官越来越多地使用新型或独特的样式或铠甲，或者独特的头盔，从而使自己的军队不同凡响。大部分士兵的头盔和铠甲已经不再像过去那样体现自己的社会等级了。一批铠甲工匠脱颖而出，比如奈良和岩井的春田家族，他

德川家康穿着一件带有欧洲风格的日本铠甲，可以对胳膊和腿部进行很好保护。

护脸在 16 世纪很常见，可以保护眼睛以下的脸和脖子部分。这与早期的护脸相比，防护性更强，同时还可以做成人、动物或者鬼怪的样子，加上特有的服饰，可以对敌人产生震慑。

们都开始在铠甲上署名。明珍流派开始出现，并且以酒井为中心。这一流派以其高质量的铠甲而闻名，其创始人明珍延舍在 1510 年制造了第一顶头盔，自那时起可靠的质量成为根本，现存的他的最后的作品制造于 1544 年。然而，延舍名气如此之大，以至于一些早期的铠甲，比如 1472 年的铠甲，都被人们误认为是他和他的流派的作品。其他地区也涌现出一批优秀的铠甲制造工匠，比如在日本东部日立地区有名的早乙女，以及曾经为后北条制造铠甲的雪下。武器生产也越来越分散，且与大名们的关系越来越密切。

纵观 16 世纪，厚重的钢材越来越受欢迎，从而使得人的躯干受到了更好的防护。片状铠甲一般由 7~8 片垂直的金属片编制在一起组成，它于 1540 年在尾张国出现。另外一种样式铠甲则是由水平的金属片组成，雪下的铁匠们制造的金属胸甲则被称为雪下胴，曾经风靡于北条的军队。

德川家康则吸取了西班牙铠甲的样式，将其融入日本样式，创造了著名的"南蛮胸甲"，它的前后是一块加固的单板钢，可以防止子弹射击。

日本军阀的不同战略

将领们常常面临难题，因为他们通常拥有数个地区的统治权，且任命代理进行管理。代理们则对所在地区的形势了若指掌，可以操纵当地的行政机构。一些忙碌

或笨拙的指挥官则很可能被野心勃勃的代理们夺取权力。一些非常有名的家族，比如山名和赤松就迅速衰落，变得无足轻重。其他家族，比如细川家则权力比较稳

与 16 世纪绝大部分简单设计的头盔相比，一些人则倾向于精致的设计。这个头盔有 62 排铆钉，正面则是一个弦月形状。

固,直到其家督政元在 1507 年有一次洗澡时被 3 名手下暗杀。只有少数人,比如今川、大内、武田、上杉和岛津成功保住了权力,至少到 16 世纪中期未曾消失。为了避免以偏概全,下面让我们依次研究其中几位军阀。

当世具足铠甲

当世具足是一种新的铠甲样式,最早出现在 16 世纪晚期,它更加轻便也更加灵活,和以前的铠甲相比,穗带少了很多。它还可以为身体提供更多的防护,防止被长矛刺伤。此外,它还增加了对下腹部的保护。一套铠甲自身就足以竖立起来,这是它为什么有时被称为"立胴"的原因。大部分铠甲都是由两部分组成,并在左臂下系在一起。当"伊予札"甲片竖列系缚时,铠甲又称为缝延胴。

保守型军阀:大内

大内是 15 世纪和 16 世纪初日本最有权势的大名之一。大内政弘的介入对于应仁之乱的延续非常关键。战争结束后,政弘回到了日本西部,在那里他建了一个自己版本的京都城,里面有名字相似的寺庙,举行类似的仪式。1477 年之后,山口已经比京城更加具有吸引力,城里的琉璃光寺建有 5 层佛塔,直到今天依然能够彰显大内的财富和权势。

大内统治下的山口技术发展最快,这里用石头建造防御墙的历史要远早于日本的中部,日本的中部直到 16 世纪 40 年代才开始制造石墙。大内还与中国进行广泛贸易,与朝鲜来往密切。他们甚至称自己是"流星的子孙",是居住在日本的朝鲜王族。他们的血统远没有这么显赫,他们的祖先在 13 世纪是步兵武士。但正是因为这一层联系,他们被称为"蒙古人而不是日本人"。

眼界有限

大内曾经参加过应仁之乱,当时用的是传统的军事战术,包括长矛,这和当时其他军队相同,但是他们动员的方式更像是 14 世纪而非 15 世纪。大内的武士们比较自治,他们仍然会根据战场表现上报请赏书,这是 14 世纪的武士,而不是 15 世纪的典型做法。由于大内统治的区域比其他任何区域都要稳定,因此一开始他还能

目下颊
叠扣
锁甲

【指挥官】

琉璃光寺。大内在1442年兴建的五层佛塔。大内仿造京都的寺庙和神社的样式兴建山口城。应仁之乱后,"小京都"的名声吸引了艺术家和贵族离开已成焦土的京都来此。

大内的统治方式与足利将军相似,两人都喜欢诗,都是贵族,都仿照京都的样式建造了山口。应仁之乱后,他们都对汇率进行规范,制定了许多法律。这些措施减少了暴力犯罪,也鼓励了人们纳税。由于其统治的地区社会稳定,因此他们能够资助当地的寺庙和神社,甚至是建造奢华的住所和寺庙,其中最著名的就是琉璃光寺的5层佛塔。其中一些寺庙,比如龙安寺曾经显赫一时,它始建于1507年,由石墙组成,长60米,高3米,宽2米。这座寺庙在大内义兴(1477—1528)时期建造,他也是这个地区的第13位统治者。这些石墙非常精致且质量过硬,超过同时期日本中部的要塞城池。

大内义隆的帅旗,上面有大名的家纹和保护自己的神灵。

让各地的代理与自己保持一致。在1493年被细川政元政变驱逐后,足利义材自然会选择去大内的势力范围避难。大内手握重兵,只要他愿意,他就可以改变当时的日本,然而他们却坚决支持足利将军,这一点和上杉谦信一样。

他们对待自己手下的保守做法显示出他们眼界有限。他们的主要对手细川政元行为古怪,比如像和尚一样举止、实施诅咒、禁止面前出现女人等,这让手下众叛亲离。1507年细川被杀后,立嗣问题矛盾重重。大内遂率一支大军恢复足利将军。他们从1508—1518年率军驻守京城,这是一个巨大的成功,而足利也恢复了部分元气。1518年,大内因为担心手下的头领们失去控制,同时战场上也出现不利现象,于是离开了京城。足利义材也逃离京都,死前一直在日本流亡。

大内义兴在其父亲隐退后,从1494年起统治这片土地,一直到1528年去世。他几乎在所有领域都有建树,直到1520年被其对手尼子大名击败为止。3年后,义兴又击败了尼子,但是没有彻底消灭他。他的儿子义隆(1507—1551)则继续与尼子战斗,并最终在1539年战胜了对手,但是和他的父亲一样,他也没有彻底消灭对手,结果在1542年被尼子击败。

图解世界战争战法：日本武士（1200—1877年） TUJIE SHIJIE ZHANZHENG ZHANFA

这是描绘16世纪铠甲制造的场景。大部分制造工匠都居住在京都，他们的作坊和居住区都在城南，在应仁之乱中没有遭到破坏。

大内的阵营内部围绕战与和的问题出现分歧。陶隆房主张采取强有力措施进行军事反击，并对大内家日益不满。由于战败，大内在其领地南部的支持开始发生动摇，最终，他的副手，也是他最信任的手下陶隆房在1551年叛变了，大内义隆被迫逃亡，并最终在1551年9月自杀。

大内开创了应仁之乱后日本罕见的稳定时期，但是他们从文化上和军事上都效仿足利幕府，以至于他们竭尽全力保护这一老旧的社会制度，而不是为自己开创一个新的时代。这种文化上的保守掩盖了他们统治时的创新，比如他们利用石头构筑防御城池的时间远早于日本其他地区，他们也是第一批获得葡萄牙火枪的人。然而，获得了这些武器和技术并没有强化大内的统治。相反，他们在向后看，甚至在与基督教传教士接触后，他们认为这只是来自印度的佛教的一个新宗派而已。

有作为的执政者：后北条氏

后北条是另一个很有权势的大名，而且比大内更有创造力，但结果却差不多。大部分历史记载中，他们和他们的祖先北条早云白手起家，这些在日本东部闯荡的流浪武士不断打败其他人，并且在1493年成了战国时期的大名。事实上，他们并不是下等人，而是从足利家族的伊势家族演化而来。虽然他们不是伊势家族的嫡系，但也曾在幕府当中担任过信使职务，是在应仁之乱中与西军关系紧密的足利义视很信任的人。

早云还年轻时就逃离了京城，为了躲避应仁之乱而在今川地区定居了下来，在这里他成功地处理了一起纠纷，然后去了日本东部。当义材将军（也就是义视的儿子）在1493年因为政变而被放逐后，一位傀儡足利家族成员代替了义材，早云代表今川，在1493年杀死了细川-足利在日本东部的代表。

历史学家常用"下克上"形容早云开创的新时代，但事实上这个词语用错了。早云是足利当局的一个名门望族，他的举动更多的是破坏细川的利益，而不是推翻这

兴建于1508年的龙安寺石墙,可以展现大内切割石头建造城池的高超技能。在当时,这一技术还没有传到日本东部,东部和中部日本的防御城池依然使用泥土制作。而诸如1270年建造的用于抵抗蒙古入侵的石墙等为代表的早期石墙,其实仅仅是将石头垒砌来而已,既没有切割,也没有精心设计。

个政权。他在日本东部从事反对足利的活动,因为他不能接受细川政变的合法性,事实上他与大内同时期在西部所做的异曲同工。

有说法称,早云之所以取得成功,是因为他将自己定位成足利的家臣,进而成为这个地方的军阀。根据传说,他与当地的其他6名武士达成协议,他们同意团结起来直到其中一人取得成功。最初的"七武士"中,其中一人退隐,另一人出家,剩余的5人及其后代自始至终忠于早云及其子孙。能够得到如此多的支持,可以帮助我们解释为什么早云能够取得成功,因为任何统帅都需要心腹追随者,但结盟关系也是必需的。早云与其比邻的今川大名关系融洽。即使不是官方的,但是早云已经成了今川的守护代,并且不断巩固今川家族的地位,最终使他成为日本中南部最强大的军阀家族。早云和今川的主要对手是上杉家族——这是一个被任命为"关东管内"的显赫家族。

早云本人非常狡诈,他和手下曾经伪装打猎的样子,攻陷了小田原。而他的对手、上杉的手下大森依氏甚至到了1493年还认为不会遭到敌人的袭击。然而,早云的整个一生,都是在国市的山区度过的。他从来都只向东进攻,因为他与西面的大名今川一直是盟友,早云甚至在1508年时将今川书写成"主上"。他与关东保持良好沟通,甚至还在1510年获得了新式武器火绳枪。最迟到1512年,他击败了自己另外一名对手三浦,并进入了第一个幕府所在地镰仓。此时他写了一首诗,"种花枯树旁,都归何时许。"

占领镰仓后,早云将姓氏改成了北条,并以镰仓之前贤能的统治者的继承人自居。早云花了20年时间独霸了佐贺,但是在这次胜利之前,他从1506年开始就对自己占领的地方进行普查,他还制定了包括21部法典的法律体系。除了代表"下克上"的精神外,北条(早云)更应当被看作是一位善于抓住应仁之战后在日本出现的机会的贤能统治者。他与今川合作,吸引了许多忠诚的支持者,获得了日本东部的权力,并且不断与东部的上杉家族进行战争。

延续不断的战争

从政治角度看，1493年之后的日本实际上是两大主要集团的对抗，是应仁之乱的蔓延。细川胜元（1430—1473）领导东军，他的儿子政元发动了针对足利家族的政变。今川以及他的有作为的手下北条为代表的东部势力，和以大内为代表的西部势力，都不认同细川政变的合法性，因而都不服从中央辖制。相反，上杉却依然与朝廷保持密切联系。

然而，随着时间推移，一旦指挥上出现问题，那些守护代们就会立刻推翻他们的主子，这种情况在1550年左右最为常见。如果你看一下"下克上"的情况，就会发现，那些守护代们往往会利用主子的弱点，获得自主权，正如后北条（早云）的儿子氏纲在1542年夺取江户那样。这一事件引发了争夺武藏平原的战争，并且引发了对东部日本另外一名大名世家上杉的猛烈攻击。正是在这个时期，他将姓氏改成了后北条，从而为自己进攻上杉提供合法性。1542年，氏纲采用了著名的三角形家纹，从而证明自己是1200—1333年间控制着镰仓幕府的北条家的后代。从1532年开始，氏纲重建了1526年被焚毁的鹤冈八幡宫神社，这一举动更加密切了他自己与镰仓的渊源。此时，由于上杉也认为自己是日本东部最重要的家族，双方的战争在氏纲占领了江户城后又延续了17年。

氏纲的自主是有条件的，因为今川氏

这是一幅关于武田信玄及其手下的图画。这位成功的武士依赖一群顾问和将领巩固自己的地位，这个执政团队在图中生动地体现了出来。武田手下以忠诚和高超战斗技能闻名。武田被消灭后，这些手下的后人最终投到了德川的手下，德川在1603年创立了武家幕府。

亲是早云的外甥。到 1535 年，北条家族还帮助今川抗击了武田的攻击。但两年后，下一代今川家主则娶了武田信虎（1494—1574）的女儿为妻，并积极加强与北条之间的边界控制，而这条边界此前并没有严格确定过。这也就意味着，后北条从此真正独立于今川家族了，因为从此之后，他们必须要自己保护自己的领土了。今川与武田结盟，而今川家与北条家早先联系的感情还在，这也最终在 1554 年促成了今川、北条和武田 3 个家族团结了起来。

早云在 1518 年将家督的位置传给了他的儿子氏纲，并在第二年他 88 岁时去世。他的儿子氏纲死于 1541 年，但其一生一直坚持北条的信条，不断拓展北条控制的领土。他曾经给他的儿子写了 5 条指示，其中就包含了他的绝大部分态度。第一条，氏纲谴责击败了天皇的足利，他非常欣赏虽为对手却更加"正直"的将领新田义贞和楠木正成，这些将领以忠诚、诚实、公正和勇敢闻名于世。

第二条是，所有人，从最高阶层的武士到最底层的普通人，都有其自身的能力，将领要想管理好自己的地盘，就必须要充分利用这些人。此外，氏纲还认识到个人的局限性，他说没有任何一个人具备干所有事情的所有能力。

第三条是劝告武士们不能傲慢，不得谄媚，但要勇于保护自己的地位。为此他们不能奢侈，因为这会使农民和商人赋税加重。这种奢侈的生活方式会影响到普通人的行为，他们会想方设法使自己看起来更富裕些，并因此去赌博，而那些没法炫耀自己的武士就会逃走。最终的结果是地主变得有钱了，而老百姓变穷了，这就是上杉家族一直所做的。因此，氏纲认为，武士们应该按照级别获得相应待遇。

德川家康

图中的德川家康身着铠甲，在与武田信玄和丰臣秀吉的战斗中遭到失败，但他在长筱获胜，后来又于 1600 年在关原获胜。家康曾发誓要支持丰臣，但在丰臣死后，他违背了誓言，并且在 1600 年狡诈地攻击了秀吉的军队，并且在 1615 年以一个站不住脚的借口，摧毁了秀吉的继承人。家康的行为激起了普遍反对，尽管他在 1603 年建立起了将军政权，但是他的政权完全建立在对内威胁和恐怖监视基础之上。

战斗阵形

随着军队规模变大，组织也越发严密，他们已经能够创造战术阵形，将枪兵用在阵形前部保护部队主体。中央区域的作用是保护主帅，因为主帅的生死至关重要，一旦死亡可能导致部队的解体。最简单也最常用的阵形是雁行阵，但在部队驻扎时往往采取更加丰富的阵形。

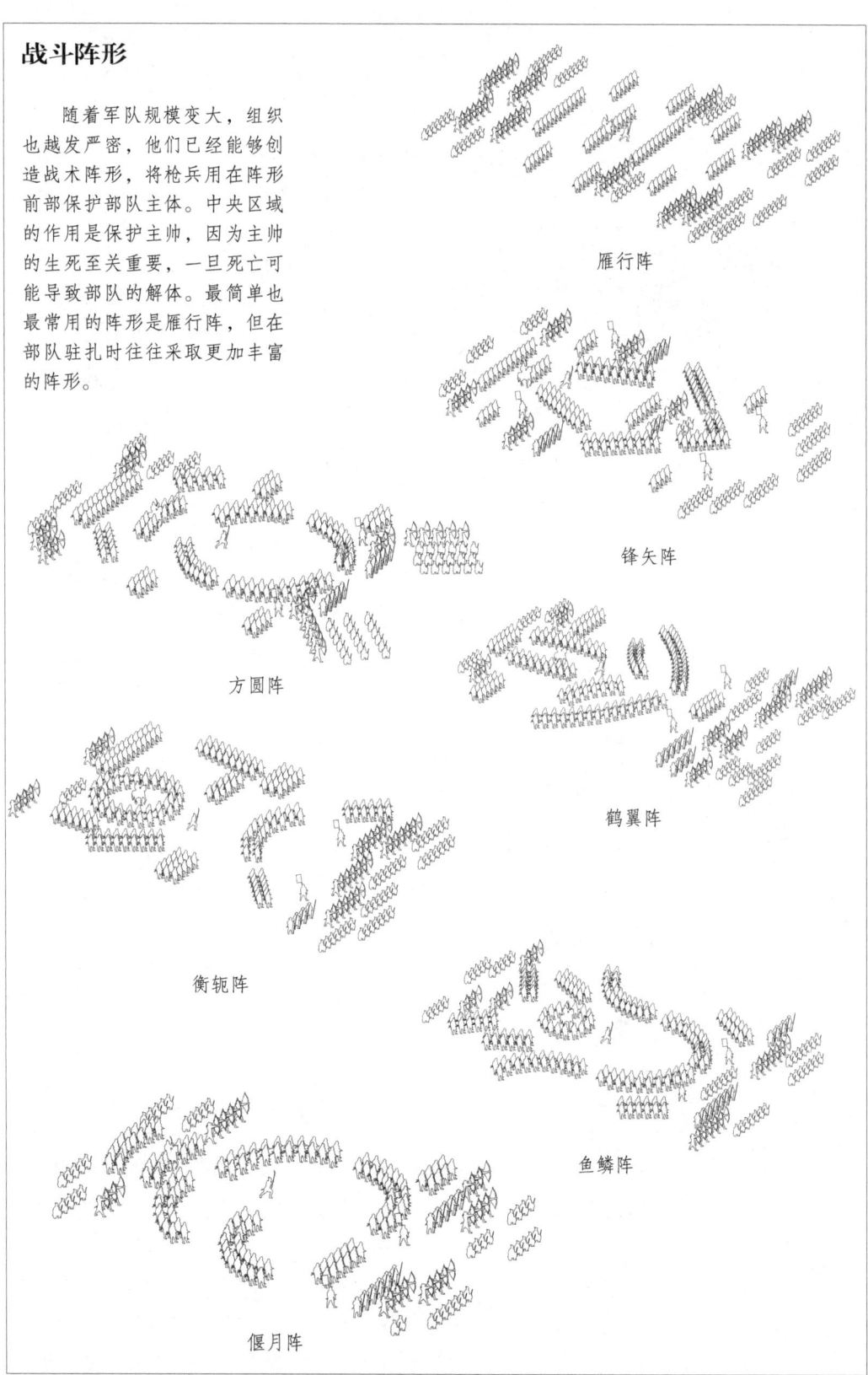

雁行阵

锋矢阵

方圆阵

鹤翼阵

衡轭阵

鱼鳞阵

偃月阵

第四条，氏纲谆谆教诲道，勤劳应该要首先提倡节俭。这个节俭针对的是地主：如果地主懂得克制自己，那么就不会过度征税，于是社会就会繁荣，士兵和农民都会愿意成为北条军队的"矛刺"。最后，他还告诫不要因为胜利而得意忘形。可以说，氏纲在1541年写下的文字，是一种全新的武士信条。

对于足利和大内来说，节俭似乎是一种对执政和行为而言陌生的观念，但是他们的理念还是在16世纪被广为接受。另外一个大名朝仓义景（1428—1481）专门阐述了节俭的重要性，这个家族的教景（1474—1555）则详细记录了早云细心地捡起草绳然后将它收好的事情。当然，早云的继承者和他，尤其是氏纲和大内之间的行为差异非常大。早云善于通过计谋、长期包围等方式打败敌人，也正是通过这一招他攻占了小田原城。达到这一目的之后，他和他的子孙们对自己统治的地区进行了重新组织，他们对土地进行了调查，根据生产能力，而不是仅仅依据土地面积评估土地价值。

北条家族的领地被分割成小块，且分布很散，因而任何形式的叛变都是难以达成的。此外，北条还在不断扩展的领地上建立了城堡网，这也让任何形式的进攻难以达成目的。北条的创新体现在很多方面。因为他们建起了城市网络，从而改善了通信效率。一般来说，他们通过烽火来传递警报，根据文件记录，早在1281年

小田原城，北条统治范围的中心，成功抵抗了上杉谦信的围攻，被认为是无法攻克的城池。1590年，丰臣秀吉围城，北条最后饥饿难耐而投降。

图解世界战争战法：日本武士（1200—1877年）

位于镰仓的鹤岗八幡宫神社。

抵抗蒙古入侵期间，日本就已经使用烽火传递危险信息。然而，白天不一定能看见烽火，下雨天又点不着，因此后北条选择使用乐器来报警。一开始他们使用大钟作为城堡收集物资的信号，尔后使用大掠鼓来命令士兵穿上铠甲和集合。他们会使用海螺壳发声，命令士兵撤回城内。但是北条也不反对使用烽火，并通过使用干狼粪来改变烽烟的颜色，从而使信号更加醒目。这种通信方式已经在北条与三浦的海上夜战中得到了使用。

北条的军事组织

迈克尔·贝尔特曾写过一篇论文，揭示了北条家族依靠分权式政治框架管理军队的模式，即通过兴建"卫星城"的方式，实现占领。通过反复的土地调查，北条家族已经能够动员人口的很大一部分为己作战，因而到了16世纪80年代，他的军队已经达到了5万人。

北条家族对土地进行了调查，并且根据按现金标准计算的土地的生产能力，确定军队的规模。这种工作系统最早出现在氏纲时期，他在1514年的一本书中就写到士兵的地位取决于其缴纳现金赋税的事。有关北条动员的现存最早记录出现在1556年3月8日，当时的稻美武士拥有的土地价值442.4判金，因此需要招募56人，也就是说7.9判金每个人。除了记载这56人中有12人是骑兵外，没有任何记录显示这些人应该使用什么样的武器，当然这一数字显示，北条的军队中只有五分之一是骑兵，这与早期的军队判若两样，而与应仁之乱之后枪兵的崛起相吻合。

动员登记

出现在1559年的一份很有价值的文件，向我们展示了北条家族如何进行动员登记的，文件记载560名武士拥有的现金总数是72168.3判金。我们不知道这560人到底动员了多少士兵，但已经可以帮助我们了解北条的军队了。首先，部队已经基于地域而不是血缘组建。根据这份登记情况，我们可以判断，至少有10000名士兵可以动员，当然这还不是北条占有的所有土地，也就是说在1559年，北条的军队规模可能接近于20000人。北条最忠诚的属下可能获得周边临近的土地，当然这也是一种创新，可以保证这些土地始终处于北条的控制范围内。

北条的第三代首领氏康挑选了对其祖父和父亲忠心耿耿的28名武士，其中20人被任命为头领，5名年长的被任命为执旗官，这5人中每人携带一种颜色的旗帜带领一队人马，剩下的3名年长的士兵率领的队伍则没有专门的颜色。这5个执旗官就是北条军队的核心。

在1572年前后，北条已经建立起了更加系统的动员机制。现存的文献可以清楚地显示这些具体部队的特性。比如，冈本八公右卫门负责管理的土地价值59判金，换算成今天的汇率就是59000美元，除他自己之外，他还需要动员4名武士和10名足轻士兵。在这些土地中，右卫门自己拥有的土地价值15判金，其他4名武士的土地是他的三分之一（即5判金），而每名足轻拥有价值2.4判金的土地。这些人中，只有右卫门自己是骑兵，并且穿着金属铠甲，带着护脸，这也是高等级士兵的标准装束。他的2名足轻则扛着旗子，6人拿着大约6米的"中等长度"的长矛。反观北条的对手织田信长则使用"长"矛，大约9米。3月12日的另外一份文献显示，冈本遣散了3人，其中1人拿着竹竿，另外2人则拿着长矛。这份文献批评他没有提供弓，并且告诉他，他手下人使用的铠甲应该与这些人所在部队的其他人相同。北条确定了铠甲使用的颜色，但是对于铠甲的制作并没有明确规定，可能是因为士兵的铠甲是纸做的。

宫城千叶，则是一个比冈本右卫门权

1615年大阪城围困图，可以看到不同大名带领的军队。

图解世界战争战法：日本武士（1200—1877年）

纸扇和战场控制

随着军队数量的扩大，直接指挥变得越发困难。指挥和控制的程度依然有限。指挥官手拿的纸扇是其权力的象征，可以用它发出进攻命令，但是它主要的用途是祈祷或其他仪式。武田信玄就使用纸扇挡住了敌人的一击。相扑中也在使用纸扇，后来使用越来越广泛，成为16世纪社会高度军事化的痕迹特征。但是，这些12骨折扇也在战斗中使用，作为指挥官赏赐手下的物品。这些折扇也在其他一些场合下使用，比如检查敌人的头颅时。

军队的规模还在扩大，但用纸扇也依然能给军队提供概略方向。比如上杉就设计出一套纸扇，可以用来指挥"战争游戏"，指挥更大规模的军队开展行动。一般的指挥官只负责部队的方位方向，除了像中川岛合战这样的特例外，他们一般不会冲在队伍的前面。

势大得多的武士，他也骑着马上战场，在1572年，他需要动员另外7名骑兵和28名步兵。骑兵和步兵的数量比是1:4，这也是北条军队中典型的比例。这些人的总价值是284.5判金（即284500美元），其中7个骑兵价值13-90判金不等，平均价值约为41判金。宫城和他的手下动员的金额是每人6.9判金，因而其承受的负担要比冈本的负担轻（每个3.93判金）。此外，冈本还未装备弓，而宫城有17个枪兵，2个是配备了火绳枪的射手，1个弓箭手，3个执旗兵以及其他5人。最后一个例子是，一个有25判金的武士动员了3个人，其中1人是骑兵，1人是执旗兵，1人是装备了中等程度长矛的枪兵，也就是每人8.3判金。

虽然我们不能夸大其词说北条的军队不堪一击，但是他们的确数量不够。他们动员的军队主要由枪兵构成，因而可以占领大片土地。但是骑兵太少，因而战斗力不足，此外这些军队还缺少大量的弹射武器，这很让人意外。将前述3个例子中的

本多忠胜（1548—1610）的次子本多忠朝（1582—1615），穿着与其父亲相同的铠甲，参加了1600年的关原之战。在大阪第一次包围中，他与毛利胜永在大阪城的天王寺展开了激战，并战死。他死后成了用于辟邪的神。

【指挥官】

一支北条部队

冈本右卫门为北条家族动员的部队。请注意长矛的形制,右卫门本人也被动员了。然而他们没有提供弓和火枪,这反映出北条的军队多由枪兵组成,这些人可以占领土地,但是作战能力却比较弱。

士兵人数相加,54 人中,10 人是骑兵,44 人是步兵。

44 人当中,4 人是武士,24 人携带中等程度的长矛,6 人扛着旗子,其中只有 3 人可以发射弹射武器。最后的 7 人则没有固定的武器。他们可能是搬运兵或者伙夫,或者只是预备力量,在缴获武器后才投入战斗。

这些军队的基础是枪兵,而使用弓箭和火枪的士兵数量极少,这说明他们的目的是占领土地。许多人的铠甲非常简单,而大量使用长矛兵也就意味着这支军队的机动能力有限。这样的军队组织形式可以解释,为什么北条通过占领而非快速进攻的方式来不断扩大自己的地盘。从这一点来看,北条并不是一个特例,日本中北部的大名朝仓也强调动员大规模士兵使用长矛作战。朝仓义景在 1480 年写道,价值 10000 判金的宝刀,也敌不过 100 把每个价值 100 判金的长矛,因此需要使用大量的廉价武器,而不是少量制作精良的武器。

随着北条有效而冷酷地占有了日本东部绝大多数土地,在北条的统治下,这里稳定且繁荣。作为这种谨慎政策的结果,北条在海边的小田原构筑了庞大的、规模甚至史无前例的城堡,这样,当面对全面攻击时,只需撤进城中,拖住耗败敌军即可,因而也是无法被攻破的。到 1590 年之前,这一体系都运转良好,此后他们错

图解世界战争战法：日本武士（1200—1877年） TUJIE SHIJIE ZHANZHENG ZHANFA

制作于19世纪的上杉谦信（1530—1578）画像。谦信出生于长尾守护代家族，他被过继给了上杉，成了他的继承人。和他的对头武田信玄一样，他也出过家，谦信是他在1571年成为佛门俗家弟子后取的名字。他以川中岛之战闻名，同时也是足利将军的坚定支持者。

误估计了形势，得罪了军阀丰臣秀吉，后者调集了全日本的军队，对其实施围困直到他们投降。北条家自杀身死，但其城池和武士投降后得以完好。

因此，高效的管理和城防创新并不能永远保护一支军队，尤其是在火枪和火炮出现之后更是如此。北条家族拒绝变革，让他们没有意识到的是曾经在1500年先进的武器，到了1590年却变得落后了，他们是最后倒下的伟大的大名，战国时代也就因而终结了。并不是所有的大名在管理上都像北条这么出色。相反，上杉家族虽然没有像北条那样高效管理自己的土地，但是他们更加善于战斗，因而在16世纪风云变幻中最终活了下来。

上杉家族：
有号召力的保守主义的局限性

上杉是一个古老和显赫的家族。家族的命运起始于一个女人，上杉氏是第一代

足利将军尊氏的母亲，于是他们被封关东管领。但这样一层关系，在足利义教时期，并没有使他们免遭幕府的惩处，事实上他们从来没有在这样的惩罚中恢复过来。今川和武田的结盟，加之北条的加入，都是直接针对上杉家族的，这个联盟非常有效，且北条家族持续不断施加压力，使得上杉不得不在1552年撤出日本东部。上杉宪政（1523—1579）继承了关东管领，但是却逃到了日本东中部地区的越前，这里是上杉家族一个很有权势的守护代长尾的地区。在这里，他将长尾景虎立为自己的继承人，这个人也就是后来的上杉谦信。

上杉的例子显示，对于一个衰落的大名来说，为了保住自己的家族和辉煌，不得不吸收有权势的守护代加入。谦信对上杉家族非常忠诚，以至于自己身上不再有任何长尾家族的影子，同时却又保存上杉家族的所有只言片语，他在这方面做得非

旗帜可以激励士兵，也是在混战中进行识别的工具。从左至右分别是：牧野家族的三叶草指物旗（1615年），德川家族家臣京极忠次的指物旗；酒井忠次的幡旗；山本勘助金刚杵式的家纹（16世纪）。

一名男子身着仿制本多忠胜的当世具足铠甲。头盔上的鹿角非常重要,因为他参加的节日活动与春日神社有关,而鹿是神的信使。

常成功,而上杉家的文献无人能超越。

谦信在1554年首次游历京都,1560年再赴京都,目的都是为了让足利赐予封号。他获封后没有像大内那样留在京都,而是返回自己的土地,并且立即对北条展开进攻,后来他包围了小田原城,这也反映出北条的防御远没有想象的那么强大。由于遭到武田在后方的威胁,谦信被迫解除包围,但是他设法到了附近的镰仓,并自命为关东管领。

上杉的组织

1575年的一份文献,可以让我们窥探上杉的组织体系,揭示了其中真实的力量和弱点,也可以让我们将其与北条家族的军队进行强弱对比。与北条不同,谦信没有在财产价值和部队服役数量之间建立直接关系。文献中列出的39个名字,显示出其军队都是基于家族关系,而不是基于地域关系。上杉军队的总数是5514人。这些人当中,3609人是枪兵,650人是扛夫,321人是火枪兵,368人是执旗兵,556人是骑兵。

这种比例搭配是一种显著的趋势。首先,骑兵的数量比后北条的军队要少,只有10%左右,后者是20%(在作战中,谦信的机动和北条的静止,似乎与此不符)。上杉部队的执旗兵数量比北条少,他们招募的军队规模也比较小,且组织性没有北条紧密。杉山弘认为,北条军队的底层士兵数量更多,因为他们的骑兵少,而扛夫数量却很多,但我们不能简单地将社会地位与是否骑马进行直接对比。谦信号称自己有8000军队,这个数字并非不可能,因为文献上只记录有5500人,也

图解世界战争战法：日本武士（1200—1877年）

旗帜的样式

Mo用来标示战场上重要地点，有时也称为"马印"。部队中每名武士都有一面旗，它要么是幡旗，要么是双面旗，也有其他用来标示指挥官位置的旗帜。

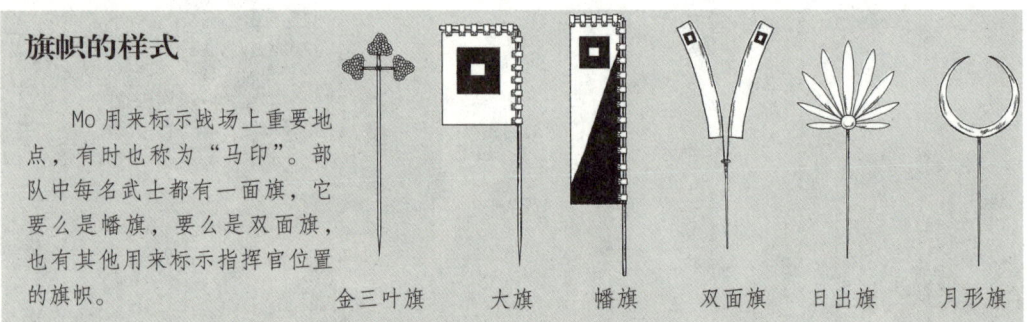

金三叶旗　　大旗　　幡旗　　双面旗　　日出旗　　月形旗

许他还得到了盟友的襄助。谦信对"自己"拥有的土地控制并不严，有时他的手下会叛变，他会攻击他们，但是最终一般会通过接纳人质的方式和解。

虽然上杉没有很好地管理自己的地区，但有证据显示，他们的军事组织要比行政组织更加先进。兵书《军事组织秘密》中记载，上杉谦信军队在组织扎营过程中，仿佛是一个围着藩篱的移动城池，有大量的士兵拱卫：在四方形阵形中有弓箭手和火枪手，外围则是足轻。在这些集中部署的兵力保卫下，谦信将大本营放在一座寺庙内，正好位于军营的中心。哪怕是临时驻地，他都会精心部署防御，从而确保自己不会遭乱军杀死，就像今川义元1560年在桶狭间遭遇的惨剧。

谦信还是一位有魅力的领导，他自视为北方而来的保护者，这让他和佛教中的毗沙门神联系在了一起，这位神保护着北方，旗帜上绣着"毘"字。他还有另外一面旗帜，上面是用曲线绘出的"龙"字，这是用来指示全面进攻的。

像大内一样，谦信似乎全心遵守足利的命令。将军赐予了他多套盔甲，并要求他前去增援，为了保住上杉家的头衔，他付出了巨大努力。与北条不同，甚至与大内更为不同的是，谦信耗尽精力持续发动进攻，在京都与镰仓之间往返。显然，他不认为日本是一个由自治邦国组成的整体，而是一个由足利统一的实体，名义上由足利统治，急需一个保持者。

川中岛

川中岛位于武田和上杉势力范围的中间，在这里发生了5场战斗，成就了谦信魅力首领的美誉。有的人可能认为，在一个地点进行了5场战斗，这只会反映出将领的无能和指挥失当，但这恰好反映出这个地方的战略重要性。川中岛位于信浓和武田的甲斐边界上，也正是在这里，两个著名的武士小笠原长时（1519—1583）和村上义清（1501—1573）没有能够阻止武田前进的步伐，于是请求上杉保护。第一场战争发生在1553年8月，第二场战争发生在1555年7月，第三场战争发生在1557年8月，第四场战争发生在1561年9月，最后一场战争发生在1564年的8

上杉谦信在川中岛第四次战争中率领军队进攻武田信玄。谦信手持战俘头颅，占据画面的中心。

月。谦信必须进行这场战争，因为如果失去此地，他的领地将成为武田唾手可得的猎物。此外，春日山是谦信在其管领地，即关东地区进行进攻的战略支点，失去这个地方，将意味着其无法向东进攻北条，无法巩固自己作为关东管领的地位。在所有的战争中，1561年9月发生的战斗最为激烈，可能也是那个世纪里最为重要的战斗。但有关这场战争的记录很少，有种说法认为，这场战争的实质是运动战。谦信的部队18000人，根据记载，实际人数可能是这一数字的3倍，他们首先占领了之前从未占领过的西条山，并进行了在当时最为宏大的机动。信玄带领20000人的大军逼近这一地区，这一说法可能有夸大，尔后向西条山之外的地方挺进，占领了临近的藏山（茶臼山），尔后向谦信的后方进击，并做好在西条山发动进攻的准备。

在这里，双方军队对阵了4天，信玄突然冲出西条山，向北转移，将兵力集中在海津城，这一行动就是著名的"啄木鸟佯动"，就像啄木鸟会将自己的喙插入木杆一样，从而将昆虫从木洞里逼出来。当然这一行动还希望将上杉谦信的部队与其背面的大本营隔绝，迫使其移动。信玄将兵力集中在海津城，同时向南部的西条山派出了一支8000人的小部队，企图包围谦信。

谦信确实移动了：在一次夜间强行军中，他穿过了信玄部队前往海津之前驻扎的营地，尔后向北机动，这样他就可以与武田信玄的部队面对面厮杀，由于武田毫无意义地将8000人派去防卫已被遗弃的西条山，因此剩下的12000名主力部队不得不以少敌众。

图解世界战争战法：日本武士(1200—1877年) TUJIE SHIJIE ZHANZHENG ZHANFA

伊达政宗

伊达外号"独眼龙"，他是16世纪晚期最有魅力的大名之一。他的头盔是显眼的月亮形状，他穿着非常大的护腿，这在14世纪至16世纪是非常流行的，他的护胸则包括了5块金属板。伊达建立了仙台城，他的权力非常大，以至于德川不允许他再建立大型城市。

大范围机动

有关这场战斗的本身我们知道的很少，可靠的资料出奇地少。可以想象得到，战斗一开始对武田不利，山上的部队最终得以进入武田军队的主营。谦信在战后给近卫前久的信中说，他与信玄亲自交锋，这样为他带来了巨大的荣誉。在这封信中，他说自己的部队或杀或俘了武田军队8000人，当然这一数字可能被夸大了。谦信在战后写了这封洋洋洒洒的信，并且墨的颜色与众不同，让人怀疑这是一封血书。谦信战后给安田北白川和雄勇的信中也动情地写道："大获全胜，杀敌数千。"根据《妙法事纪》记载，信玄的弟弟信茂也在战斗中死亡，而上杉军队也遭受了重大损失。信玄在当年10月份的一封书信中说，他的军队死伤3000人。

我们知道战争非常激烈，伤亡很大，而且战争发生在武田信玄的主营之内。无论是武田还是上杉一方，在战后所有重要文献中，均记载了这场战争。也正是意识到这次手刃对手的良机，信玄和谦信还相互交手了。

现在没有证据显示两人直接交过手，但是人们普遍认为他们交了手，而这又增

西都敏充，是明智光秀军队的一个将领，图中是1580年他独自骑马涉水前往京都。明智的军队战胜了织田信长，但两个星期后也遭失败。

加了对两位魅力将领个人性格的神化塑造。事实上，个性的烙印深深影响了两人的冲突，普遍认为，谦信蔑视武田信玄。

在与信玄第五次战斗之后，谦信在1564年给神社书写的祷词中列举了信玄的种种恶状，包括摧毁信浓和其他地方的寺庙与神社，以及抛弃亲生父亲，迫使其成为乞丐，等等。这一祷词加之信玄后来的做法，使其成了反面角色，但是这种态度其实是错误的。在其家乡，信玄是等级最高的天台宗的佛教僧侣，在织田信长1571年焚毁天台宗的大本营延历寺后，他大失所望。

川中岛之战曾无数次出现在荧屏之上，其中一部重要的影片依然在描述上杉。这部影片比较客观，其战斗场景主要是枪兵的近身作战，箭手在远处射击作战。从其他的资料中我们还知道，上杉早在1560年就已经使用了火枪，他们还从足利信使那里详细学习了火药的配方，这也反映出上杉对于足利的重要性，以及与朝廷的密切关系，这正是他们拥有的一大优势。

结 论

总而言之，对指挥官的调查研究发现，不同的指挥官有不同的措施和态度。大内效仿足利的行为和组织。尽管刚开始很成功，但在16世纪他们逐渐衰弱，最终在1551年的守护代叛乱中战败。相反，北条则是之后武士态度的模范，同时也是制度的创建者，他们的部队很庞大，可惜装备不精、行动缓慢。与北条不同，上杉没有精妙的组织系统，他们的魅力和关键的联盟帮助他们生存了下来。为了更好地理解上杉的好运和北条的厄运，需要我们研究火枪的传播与作用。那些有效使用火枪的大名，特别是织田以及从某种程度上说，还有上杉，都取得了成功，而武田以及从某种程度上说，还有北条则没有。对火枪的研究，既揭示出新技术的重要性，也揭示了它对转变社会的作用有限。

川中岛第四场战斗

川中岛战略地位重要，上杉要想打通与京城的通道，则必须要获得此地，因而上杉与武田在这里进行了5场战斗。其中一些战斗只是小规模的袭扰，但是第四场川中岛战斗几乎导致武田全部被歼灭。上杉谦信（蓝方）通过夜行军，从西条山向北机动，让武田信玄（红方）出乎意料。信玄将军队分开了，主力已经派往南部，企图在西条山与谦信进行决战。谦信的天降神兵使信玄遭到了决定性失败。虽然武田损失惨重，但是他的军队也让上杉的军队伤痕累累。

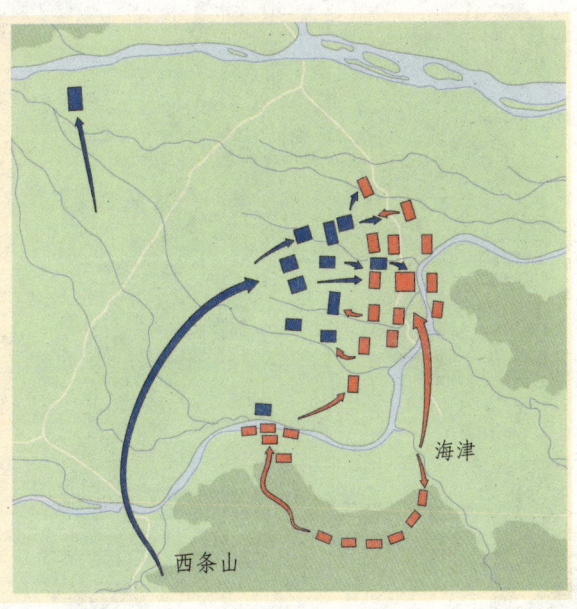

第五章

火 器

1543年葡萄牙商人碰巧在九州岛东南71公里的一个叫作种子岛的小岛上登陆后，就留下了3把火枪。其中两把传到了当地的军阀松平手中，而根来寺的一名僧侣购买了第三把。

根据兰波·本恩希《火枪说明》的记载，这些火枪"大约1米长，非常重"，外直内空，侧面有孔，可以点火。枪管可以填充神奇的粉末和铅丸，当枪发射时，铅丸会射向……目标……爆炸如闪电，似雷声。

战争的新工具

《火枪说明》是为这个岛屿的岛主种子岛久富（1568—1611）写的，这也是那次事

身着传统武士铠甲的人准备发射火枪，这是小田原城土肥祭的开始。

件发生后 60 年的事情了。本恩希所作的画中,种子岛的居民还不知道如何称呼火枪,于是就使用铁炮代称。葡萄牙商人门德斯·潘多也记述了日本对于枪的新奇,他认为"日本人以前从来没有看到过火枪这样的武器"。潘多的说法可能略有夸张,因为种子岛居民十分清楚原始火器:在南边的琉球岛上,火器已使用了近90年。

希泼鲍尔则不认同本恩希的记录,他描述的是在一场射击训练中,射手做到了百发百中。当然,潘多的记录因不准确饱受诟病,正如他说种子岛的岛主用1000两白银购买这些枪一样,事实上"两"是中国的货币单位,从来没有在日本使用过。然而,在这些讹误当中,双方都记录了日本人对葡萄牙火药的痴迷和对火枪的兴趣。门德斯·潘多写道:"没有人知道火药的秘密,也不知道它是如何发挥作用

的,(因此日本人)认为这是某种变戏法。"相似的,种子岛的大名花了相当大的代价购买了这种武器,根据潘多的记录,"请求他教他们如何制造火药,因为没有火药,火枪就是一块没有用的废铁。"

在 16 世纪,这些火枪很快就在日本传开了。潘多以其商人特有的夸张手法说,"我们离开这个岛屿5个半月后,就大约有了600支火枪了。"潘多估计,到1556年,在九州北部的丰后国,就大约已经有了30000支火枪,而整个日本已经有了 30 万支,"这个地方火枪已经泛滥了,随便哪个小村寨,不管它多么小,都能生产100支甚至更多的火枪,而在一些

日本人绘的葡萄牙商船。葡萄牙,也被称为"南蛮",因为他们从南边抵达种子岛,他们的火枪和巨大的商船吸引了日本人。并不是所有的艺术家都能准确绘制这样的船只,正如这幅插图所表现的。

【火 器】

日本火绳枪和佩戴武器

这幅图将短小的日本刀与19世纪的火枪的大小进行了对比。图中是短刀、2把肋差、1把打刀和19世纪的马铳,即用于在马上进行射击的火器,使用的是老式的点火构件。短小的火绳枪称为短铳。这些手持的火绳枪可以轻易地藏在武士的袍服中。可以发射11~30克的弹丸,射程可以达到30米,但是致伤或者致死的距离只有5米。

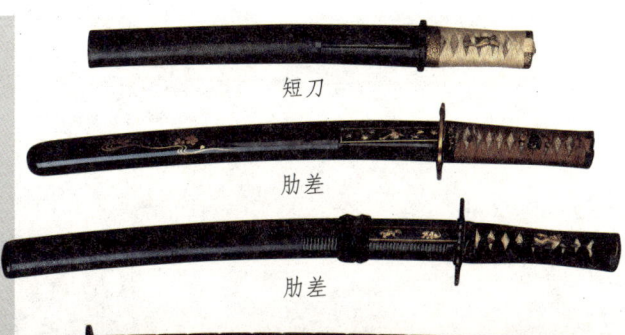

短刀
肋差
肋差
打刀

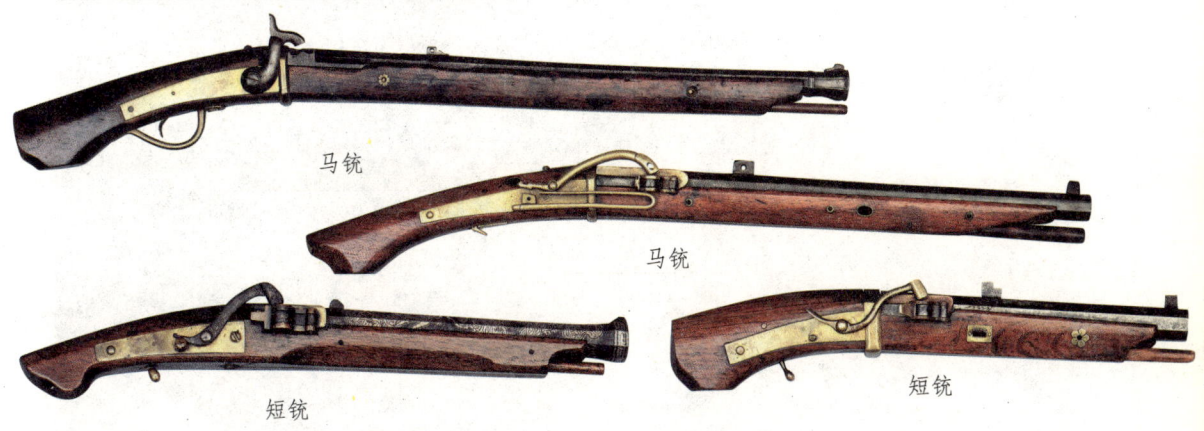

马铳
马铳
短铳
短铳

重要的城镇,生产火枪的数量都上千。"潘多无疑在夸大其词,但是正如我们看到的,火枪在1543年由葡萄牙人首次传进后,很快就在日本传播开了。

历史学家一直认为这一事件是划时代的。16世纪,日本记述了当时的地方诸侯或大名们已经熟知这一武器,并且能够有效使用它们。织田信长是日本"三杰"第一杰,被认为是一名军事天才,他集中运用火力,变革了作战样式,从而击败其最大的竞争对手——甲斐的武田,并且从1570年开始,一直到1582年被刺杀前,他能一直保持权力巩固。

正如我们看到的,火绳枪的引入非常重要,这些威力更大的武器在战场上对身着铠甲的敌人的杀伤距离扩大了三倍。这些新武器取代了已在日本存在了超过百年的原始的早期火器,还有弓箭。然而,火绳枪并没有让步兵脱颖而出,因为早在葡萄牙人到来之前,这一点就已经实现了。

中部和西部的大名比东部的大名更便利地获得了火枪这一优势,因为他们能更方便地购买这样的武器,并进口火药的原料。日本中部的大名和寺庙在组织火炮兵方面效率最高,并且在16世纪70年代之后在战场上胜敌一筹。

我们应该首先研究早期火枪的性质以及火药的组成,然后分析葡萄牙的火枪以及制造火药的更有效的配方。尔后我们研究长筱之战前军事组织变革的意义,这场战争是织田与武田在1575年的战争,以武田失败告终。

图解世界战争战法：日本武士（1200—1877年） TUJIE SHIJIE ZHANZHENG ZHANFA

最早的火器

有关早期火器的名称非常繁多。《火枪说明》认为火枪是新生事物,当时还没有名称称呼它,这一点其实是错误的。事实上,火枪的出现已经有段时间了,并且有许多名字。被称为"铁炮"的炸弹从13世纪起就在日本出现了。在1274年和1281年入侵的蒙古部队,就使用过炸药来恐吓日本防御部队。考古学家已经在2001年发现了这些中空金属外壳的物体,里面当时装的应当是火药。有关这些武器及其作战效能,我们知之甚少,但有些记录就记载了它们制造的响声让日本守军大为震惊。

原来认为有关爆炸性弹射火器的最早画面,出现在13世纪的《蒙古袭来绘词》之中,但事实上,这些场景是18世纪加上的。现在很难说,那个时候的这些武器仅仅是用声音来恐吓敌人,还是真的通过爆炸来击伤敌人的。事实上,当时的蒙古军队依赖的是投石机,使用更结实的石头进行弹射,而不是空的金属管,这似乎也意味着早期的"铁炮"的军事用途有限。

葡萄牙商人和日本商人。这幅画作于16世纪。并不是所有的商人都是传教士,但贸易和传教依然紧密相连。

士兵发射火绳枪,摘自《武道艺术绘卷》(1855年)。让火药和火绳保持干燥是非常困难的。图中,士兵穿着蓑衣,在阴湿的天气里发射火枪。

中国火枪

根据中国的记载,早期的火枪在中国被称为"火龙镖",最初出现于1355年,现存最早的样本是14世纪70年代的。出现于1551年的明代黑白军阵图中,当时的中国士兵已经使用了这种三管武器。

这些三管武器从琉球王国传入日本,时间是1466年,这也是葡萄牙人首次造访种子岛的前80年左右。根据一份15世纪的日记记录,琉球王国的官员在1466

图解世界战争战法：日本武士（1200—1877年）TUJIE SHIJIE ZHANZHENG ZHANFA

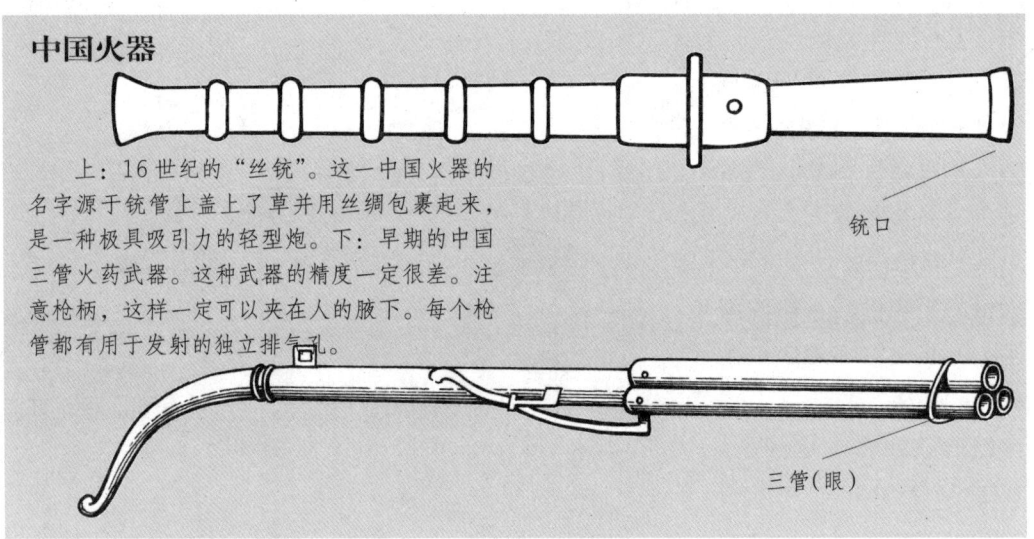

中国火器

上：16世纪的"丝铳"。这一中国火器的名字源于铳管上盖上了草并用丝绸包裹起来，是一种极具吸引力的轻型炮。下：早期的中国三管火药武器。这种武器的精度一定很差。注意枪柄，这样一定可以夹在人的腋下。每个枪管都有用于发射的独立排气孔。

铳口

三管（眼）

年6月28日到达京都后，向日本方面介绍火枪时，旁边的观众如何震惊，这个时间正好是应仁之乱的前夕。毫无疑问，应仁之乱中也使用了这些武器，醍醐就描述过在一座被围攻的堡垒中射出这种"会飞的弹射火镖"。

当然这种火镖可能与三管弹射武器不是同样的东西，一位研究中国科技的学者约瑟夫·尼德汉姆就认为，这种武器可能是用竹管做成的，可以喷火，也可以射箭。根据中国的资料，这些三管火枪也被称为"三眼镖枪"，因而我们也很难断定这些原始的火器此时是否传入到了日本。

对冲绳两处城堡——中城城和胜连城——的考古工作发现，早在15世纪中期之前，这些火枪就已经出现了。防御者在中城城防中最薄弱处建造了比石墙都低的大门，专门用于狙击手使用。中城城和胜连城城墙中这些低矮的入口只有45厘米高，完全不够弓箭手进行射击需要。此外，考古学家还发现了11个石子弹，而在1458年毁于战火之后就未重建的胜连城战场遗址中，还发现了火石和铁制的子弹各一枚。在另外一些地方，也发现了用石灰岩、珊瑚和砂岩，还有铜和铁做成的子弹。

"火箭"

原始的火器是由3个金属管捆绑在一起组成的，因而也被称为火箭。在14世纪末和15世纪初，这种武器在欧洲和亚洲流行广泛。令人惊讶的是，到了20世纪早期，依然有人在使用这种武器，据说它们可以发射200米。射出的弹丸主要是用来摧毁敌人的堡垒。考古学家挖掘了冲绳城池的遗址，他们发现在这些城池的城墙上遍布无数这种弹丸，大的甚至有垒球那么大。

有关火器致伤的最早记录，出现在天

这是一种火镖，是可能在1467—1477年的战争中使用过的原始火器之一。

HUOQI 【火 器】

自下向上仰视冲绳的胜连城。在这座 1458 年废弃的城堡中遍布着大量的石制、土制和铁制弹丸,这也是早期火器传播的确证。

野居贞在 1527 年 11 月 27 日的作战报告中,上面写道,一个人的右脚被一个不明物体射中而受伤。这里的动词"射中"指的就是子弹,从 1569 年之后,居贞的书信中屡次用了这个动词,用以指代铁炮。此外,在 1527 年 5 月 3 日的报告中,居贞使用了不同的词来描述弓箭导致的受伤情况。

火枪在日本西部使用得更多。日本东部地区与亚洲的商贸线距离较远,火枪较少,但根

从下面可以看到该城堡的墙垣。

145

当世具足铠甲（1560 年）

当世具足铠甲，16 世纪后半叶。这副铠甲据称属于皈依基督教的丹羽大名内藤忠利，他曾在 16 世纪 90 年代参加对朝鲜的战争，并且参加了 1600 年的关原之战。他皈依基督教之后，改名约翰，并因此在 1614 年被流放到菲律宾。他的铠甲最终流落到了马德里，在那里被人认为是毛利人的铠甲，但是 19 世纪在被移送到伦敦的皇家盔甲馆时，被确认是日本铠甲。这副铠甲的躯干部分样式逐渐在 16 世纪后半叶流行开来，它分为两个部分（二枚胴）或五个部分（五枚胴），与早期的铠甲相比简化了很多。

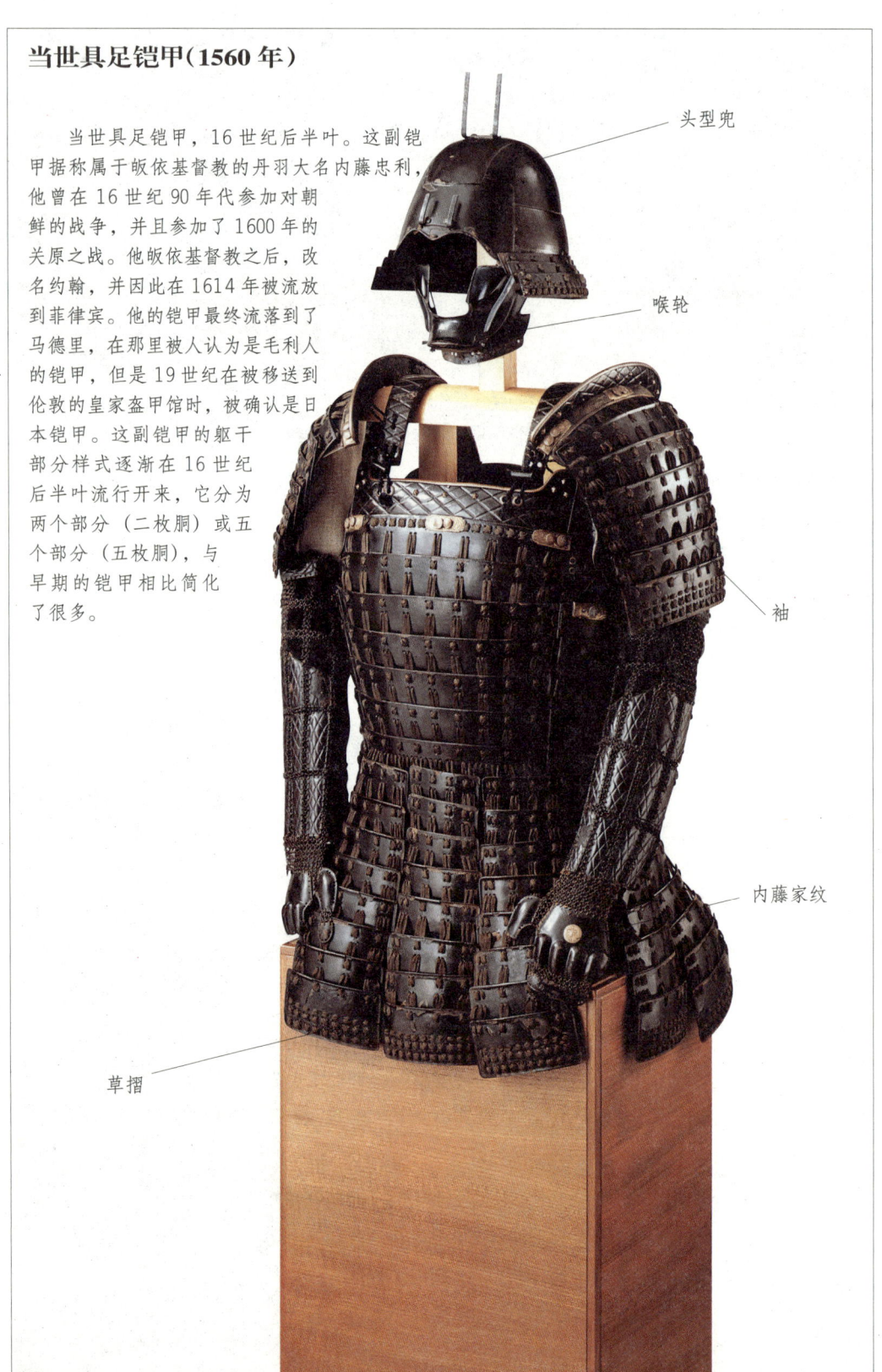

- 头型兜
- 喉轮
- 袖
- 内藤家纹
- 草摺

【火器】

石头致伤

大部分早期的火枪都是用圆形石头作为子弹,从16世纪的请赏书中看到,因为石头导致的伤亡人数突然增加,在西部日本情况尤为明显,这反映出这些武器在这个地方使用广泛。甚至在14世纪已经出现了因为石头受伤的士兵的报告,在1524—1552年,82人因为石头受伤,仅1552年7月份,就有44人受伤。

据《北条五代史》的记载,北条(早云)在1510年,就从一个和尚那里获得了来自中国的"铁炮"。而根据武田家史记载,武田在1525年也收到了类似的一件武器。武田和北条的武器可能都是三管火枪,而有关这类火枪的最早记录出现在1466年的东京。这些武器的声音很大,但是精度很差,其射程甚至没有弓箭远,其子弹只能飞行200米,而长弓射出的箭可以达到350~400米远。

造成射程短的原因有很多。枪管不直,早期的子弹一般都是用硬土或岩石做成的,没有统一的规格。这些质量差的球状子弹没有办法经受爆炸气体的冲击,会自动解体。

在16世纪,欧洲人对火枪进行了大幅度提升,受益于这些创新,许多新的火枪种类出现了,其中就包括

胡斯战争(1420—1434)中使用欧洲早期火枪进行攻城作战。尽管他们的声音很大,能够对目标进行威慑,但是这些武器的作战效能很差。

火绳枪、日野筒、阿波铳以及土佐筒、钩发枪和明火枪,此外燧发枪、明火绳枪、火枪等名词也出现了。火枪是这些武器的统称,于16世纪30年代在意大利出现,这是一种重型武器,需要使用麻绳点火进行发射。发射装置在后来也得到了改进,比如出现了轮枪机,通过火花进行发射,但是这些先进的武器并没有得到很好的推广。后来的火枪枪托的弧度越来越小。我们现在称为弹夹的部件在1569年被设计出来。由于与火绳枪相比,这些武器更轻,穿透能力更弱,都没有在日本使用。

火绳枪由葡萄牙人传到了日本,成了受人钟爱的武器。15世纪,火绳枪就已经在欧洲流行开了,到了16世纪,它发

武僧（1570年）

根来寺的和尚在16世纪70年代组成了强大的作战部队。他们很早就获得了葡萄牙人的火枪，并且在战斗中熟练使用，击败了织田信长的弟弟。丰臣秀吉组建了一支庞大的军队，并在1588年吸纳了大部分主要的寺庙僧侣加入。图中显示的16世纪的铠甲由许多鳞片组成，这与早期的波浪形式不同。

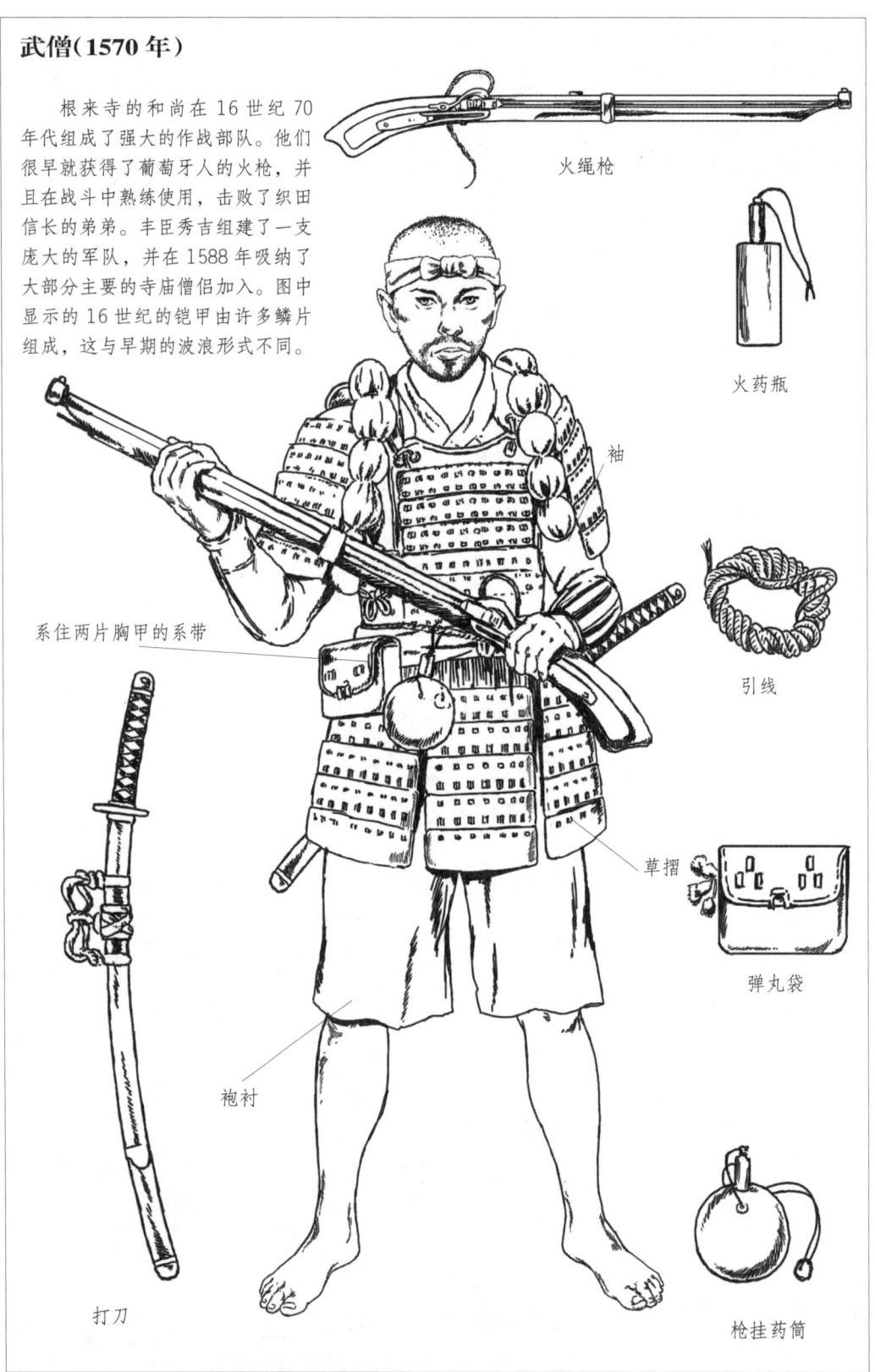

火绳枪
火药瓶
袖
引线
系住两片胸甲的系带
草摺
弹丸袋
打刀
袍衬
枪挂药筒

展出了明显的弯枪托，并且有特殊的射击构件和 S 形的击铁，其中有一块燧石一旦扣动，就会撞击并点燃事先放在枪管侧面的火药池中的火药。撞击引发的火花会通过小孔进入枪管，并且引燃主火药。欧洲的石弩的发射构件中也有击铁，而正是击铁极大改进了早期枪支。

火绳枪的枪托之所以设计成弯曲形状，是为了便于将枪管与眼睛保持一线，从而进行更为精确的瞄准。然而，经过不断发展，方形枪托逐渐普及，因为这样可以使枪的后坐力被枪手的肩膀吸收。日本人喜欢枪柄弯曲的火绳枪，他们努力提高射击的精度，而不是射击的速度。此外，由于名词含义存在重叠，因此会经常交换使用"火枪"和"火器"这两个词，而"火绳枪"主要用于描述那些弯曲枪托的重型日本枪，且其点火方式依然依靠麻绳和击铁。

葡萄牙火绳枪的传播

葡萄牙火绳枪得到了足利将军们的推广，他们从种子岛大名那里获得了火绳枪，并赐给了自己的支持者。足利还将火药的配方赐给了自己中意的大名。

足利义晴在 1549 年前后给细川晴元

大友义镇（1530—1587），丰后的守护，1562 年出家为僧，法名宗麟。1578 年，他接受洗礼，更名大友·弗朗西斯科。皈依了基督教之后，他获得了数门葡萄牙大炮，但是后来他被对手——南九州的岛津打败。

的感谢信中就写道："火枪从种子岛那里到了我这里。真高兴。我将致书种子岛大名。请替我送到。"似乎这些枪影响了次年（1550 年）京城之战的结果，因为根据山科言继的日记记载，他看到一名足轻三好游助被细川晴元部队用火枪射死。其他一些《足利后鉴》中的记录也显示，晴元在京都东南的如意岳上兴建了要塞（在 1336 年战争的旧址上）。这座要塞有两层

图解世界战争战法：日本武士（1200—1877年）

土墙，在土墙的中间，"堆积了大量的石块，防止遭到铁炮破坏"。这条记录与考古学家的发现正好吻合，因为对正乐寺等现存遗址的发掘表明，在16世纪40年代，人们已经用石块来加固城墙了。

根据家族历史记载，大友义镇曾在1553年、1556年、1557年向足利义辉进献了火绳枪。足利的家臣尾立光晴就在1554年1月19日称赞这些武器的质量，他写道，"我们有许多武器，但是这些武器最棒"，"它们是我的秘密武器"。然而，义辉最终还将这些武器赏赐给了其他人，比如在1553年赏赐给了上野的横赖成茂，此外他还将火药配方赏赐给了如上杉谦信这样支持自己的大名。

而那些与足利关系不睦的大名们，则通过不同的方式获得这些武器。比如九州北边一个小大名松浦，就让2名武士假托皈依基督教，获得葡萄牙人的信任，从而学习了如何制造火药。他们还从葡萄牙人那里获得了1门火炮和3把火枪。耶稣会传教士弗朗西斯·哈维尔也记录了自己在1551年给了大内义隆3把火枪。这些武器其实都是赠给日本当局的武器，但是当哈维尔被禁止前往京城后，他就开始到处散布武器。

火器的生产

日本的铁匠技术精湛，在火枪传入后，几乎马上就学会了制枪技术，产品质量几乎与欧洲相同。而运气也发挥了重要作用：葡萄牙最早登陆的种子岛富含铁矿，岛上的黑沙沙滩上就有许多铁矿石。种子岛的铁匠于是开始制造这些武器，正因为他们工艺精湛，使得这些枪支也被称为"种子岛筒"。种子岛并不是制造火枪的唯一地方，九州东北也生产火枪。

在1543年获得葡萄牙的火绳枪之后，根来寺的僧侣及其附属的金属工匠们立即开办了制枪厂，并且在16世纪70年代生产的武器足够武装一个300人的神枪队。根来寺也因此成为16世纪70年代枪支生产和使用的中心。位于京城以南、根来寺西北的酒井城成了制造中心。古老的京城没有出现这样的工厂。这一点在足利义辉1553年给横赖成茂的信中得到佐证。义辉写道，他从南方（即京城以南的根来寺）找来了一名铁匠，可以生产高质量的火枪。

我们不知道日本的工匠们在什么时候独立生产

弗朗西斯·哈维尔（1506—1551）及其使团，这是一幅描绘葡萄牙人抵达日本场景的卷轴。

【火 器】

了完整的枪支，但是他们是非常成功的铁匠，数个世纪以来一直生产出非常精致的刀。他们用滚铁就可以轻松生产枪管，国友带领的一队铁匠设计出一套工艺，可以让长螺钉慢慢扭曲变成热红的枪管，从而拉出了膛线。枪的尾部还插入了一个枪栓，枪管的外形被打造成了八角形。在这

现代酒井港。该港在 16 世纪是日本的制造业中心，现在已经并入了大阪。

之后，铁匠会加入发射装置。现在仍然存在的国友铁匠们还能向我们展示如何生产这样的武器。而在 16 世纪早期，制作膛线对于欧洲铁匠来说也是一件非常困难的事情。英国人使用所谓的雨水棍塞进枪

日本的膛线与火绳枪

日本的铁匠迅速掌握了为枪管装膛线的最复杂技术。这一点具有重要意义，因为装了膛线的枪管射击更有效。滑膛枪管内会有火药和铅堆积（或是泥土，这要取决于弹丸的材质）。据信，装膛线始于 1498 年的莱比锡，但并无可信证据证明在 1544 年前就有这样的武器了，现存最早的此类武器是 1550—1560 年的。虽然不受欧洲专家的重视，但种子岛葡萄牙火绳枪具有重要意义，因为它是现存最古老的膛线火器。这种葡萄牙武器可以发射 17 毫米弹丸，枪管长达 1 米。有大量的日本火绳枪存世，尽管其中一些相对更短，只有 87 厘米长，但日本人当时更喜欢长一些的火绳枪，长度可达 120~140 厘米。其中最长的枪是 17 世纪早期生产的，长达 3 米，重 135.8 公斤。

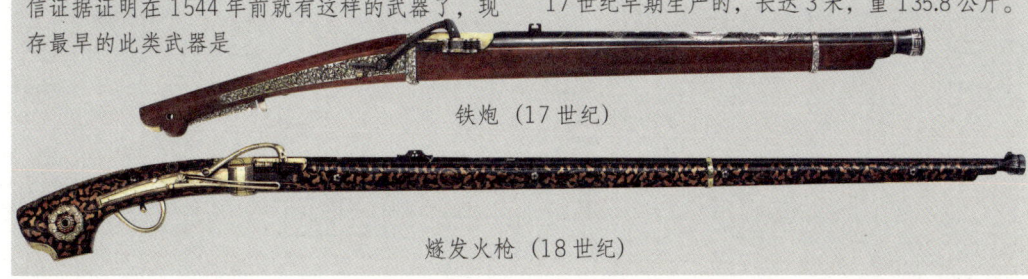

铁炮（17 世纪）

燧发火枪（18 世纪）

火绳枪射击

发射步骤。发射火绳枪需要时间。枪手们可能会三人一组,当然多数情况下,他们是与弓箭手和长枪兵穿插混合着,因为弓箭手可以射击得更快,而枪兵可以提供更好防护。有些人负责背子弹和火药。图中显示的是递子弹、装子弹和射击的过程。

射击准备。射击过程中,首先要将火药装填到枪管中,然后装子弹,然后将子弹塞紧,然后再将火药加入火药池,最后是拉动火绳。

【火 器】

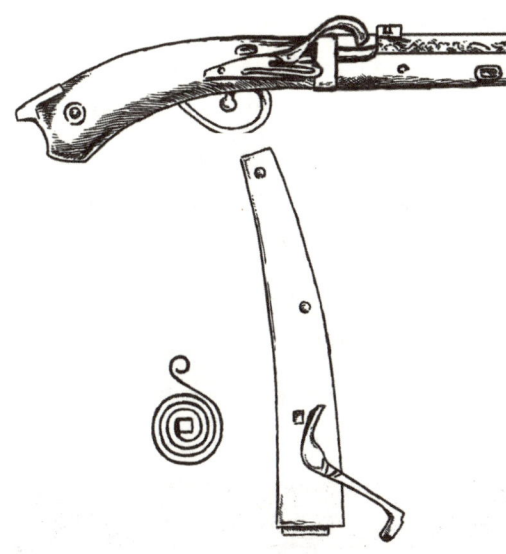

17世纪早期燧发火绳枪的点火装置。这些点火装置与早期石弩的击发装置很相似。

管,然后制作膛线,但是在1653年"制作线膛、切割和螺刻枪管"成为专利之前,螺旋刻制膛线的方法在英国并不普及。相反,国友的铁匠们似乎在17世纪之初就已经掌握了膛线的制作技术。

火 药

火枪要想有效果,一种稳定的火药配方就和制作精良的枪管以及发射构造一样非常重要。火药的构成决定了爆炸的强度和子弹飞行的距离。钾硝酸盐或者说硝酸钠提供了炸药爆炸的动能,而硫黄则可以降低燃点,并且加速燃烧的速度;碳元素则将另外两种成分结合起来。约翰·巴特在其1563年出版的《自然和艺术的奥秘》中将这些成分形容为:"硝酸盐是灵魂,硝酸钠是生命,而煤则是身体。"

古老的火药配方中硝酸钠较少,爆炸威力弱。火药最早出现在中国,但是在10世纪的配方中,硝酸钠只占50%~55%。慢慢地,硝酸钠的比例逐渐提高,欧洲到15世纪已经掌握最适宜的比例。成分配比十分关键,也由此而产生出了有不同配比的、众多类型的火药。约瑟夫·尼德汉姆认为这一比例应该是75的硝酸钠:13的硝酸盐:12的煤。直到19世纪依然还有其他的配方流行,19世纪的德国总参谋部就认为理想的比例应该是74:10:16或74:12:13。15世纪的欧洲配方接近这一优化的比例,虽然有些配方减少了硝酸盐的使用,从而降低了爆炸的威力。

约瑟夫·尼德汉姆引用了17世纪一位作家的这段话:"(制造火药)的艺术的全部秘密就包含在各种成分比例及如何混合之中,火药中包含了各种成分,它们按恰当比例混合,然后是将这些火药制作成粒状,最后是将它们进行干燥和隔离。"作者说,"即使你按照上面提到的比例制造了火药,但是加入的硝酸盐越多,效果就越好,但条件是你遵守八成的规定",也就是说硝酸钠的比例在72%~78%。这样的比例威力最大,日本使用的就是这种配方。早期的火枪兵低估了这些火药的威力,门德斯·潘多就记载了一个大名的儿子在火枪爆炸后,右手拇指被炸掉的事情。

我们可以估计种子岛火药的大致配方,因为这些武器和火药的知识很快就传到了足利将军那里。根据种子岛族史的记载,足利将军听说"他们直接从南蛮那里获得了它,这种混合的火药效果最好"。这种配方需求很大,皇室贵族近卫在给种子岛的信中说,"你们从南蛮那里获得了

图解世界战争战法：日本武士（1200—1877年） TUJIE SHIJIE ZHANZHENG ZHANFA

无与伦比的火药。请将配方告诉岛津，他会将配方转告将军幕府。"

足利义辉获得了许多火枪，他还在1552年从石山寺获得了硝酸盐。足利很快就将火药知识告诉了他的支持者。1559年，大达光晴代表将军，给上杉谦信送了一份大友义镇的火药配方副本。这份文件显示当时的配方有2种，其中硝酸盐、硫黄和煤的比例分别是80:12:8和77:13:10，后一种配方也最接近最佳配方比。日本很可能使用的是后面的配方，因为它需要比较少的硝酸盐，而这也正是日本所缺少的。与中国不同，日本没有大量的硝酸盐。到了16世纪40年代，明朝的贸易逐渐开放，因而有可能从中国进口物品，这

这是一幅作于1866年的月冈芳年画作，内容是德川家茂在九州西部地区作战时遭受重创的画面。佐藤优树没有穿14世纪的铠甲，但是这幅画因为德川资助的关系，而让佐藤穿上了。火药的强烈爆炸产生这种经常性的危险，这在图中表现得非常逼真。

也正是火枪在日本流行的时间，但是日本人仍在努力制造钾硝酸盐。

足利义辉在 1559 年给上杉谦信的信中详细描述了火药的制作，比如使用最好的木头制造碳，以及加热混合物的温度等。这份配方显示，火药并不只是搅拌形成的，配料也不是单独存放的，它们是精确地按照比例进行混合成浆的，然后进行干燥，变成固体粉末。这种颗粒状火药可以持续燃烧，并且效果很好。这种火药又被称为"粒状火药"，它在 1450 年首先出现于纽伦堡。混合干火药粉被称为"击铁火药"，直到 16 世纪枪的威力变得更大之后，才全面开始使用颗粒火药。

子 弹

线膛枪管要求用铅制作子弹，因为这种金属比较软，锻造性强，不会对枪管造成损坏。子弹的制造很简单，人们最喜欢用铅这种软金属，但是考古也发现了用石

图解世界战争战法：日本武士（1200—1877年）

上石山寺，这也是足利义辉在1552年获得硝酸钠的地方。

获得钾硝酸盐

当有机物在高温高湿条件下，会迅速解体，形成钾硝酸盐。一些地方会自然产生钾硝酸盐，比如老挝的山洞，而蝙蝠粪就是天然的钾硝酸盐。欧洲的硝酸钠产量不足，通常从厕所里获取硝酸钠。一般来说，喝过酒的人的尿液里这种物质的成分更高，因此这些人也更受青睐。在日本，毛利元就在1554年春天和初夏写给其家臣的信中说，老马厩是获得硝酸钠的好地方。由于上杉没有建立完善的贸易网络，因此他们获得硝酸钠的可能比较小，这也就意味着他们的火药是按照最优配方制作的。

一个火药罐，上面绘着南蛮人的画像，这也反映出火药武器与西方的密切关系。

块或者硬质泥块做的子弹。然而，与泥土或石块相比，获得铅的难度要大得多，16世纪的武士们很难获得这种金属。小早川隆景就曾在1557年褒奖狩野，因为"他带来了铅……可以用于火枪"。大名们的军队在当时还没有统一的标准，但是绝大部分子弹的直径在15.8~18.7毫米。

线膛火枪的射程可以达到1000米，远超过弓的射程，但是其有效射程只有100米，有效射击的精度在50米。甚至到了1775年，火枪进行远距离射击时，精度依然很差。一位参加康柯德战斗的英国军官在 1775 年说，射击一个 182 米以外的目标，"和射月亮没什么区别"。日本的训练看重射击的精度，而不是射击的速度，但是对对手造成重伤的有效射击距离只有 50 米。

火枪的这一特性，使得它的优势一开始并没有显示出来。此外，火枪重量大，昂贵，装填需要数分钟时间。在欧洲和日本，都曾讨论过火枪和弓箭谁更为有效。军队通常征召相同数量的火枪手和弓箭手，这一点亨利八世在 1544 年的文献中记录，岛津部队在 1591 年入侵朝鲜时也是如此。甚至到了 16 世纪 80 年代，有关火枪和弓箭孰优孰劣的争论依然在英国上演，只不过英国人争论的重点是弓箭手的数量，而日本争论的是两种武器的射程和精度，著名的《国都胜迹》中记载了 17 世纪京都的一个场景：1 名火枪手和 1 名弓箭手在射击训练中较量各自手中的武器。

子弹可以在 30 米的距离内射穿铠甲，因而可以杀死或者重伤敌人。这一效果几乎是任何弹射武器致命射程的 2 倍，因为

一幅描绘和藤内（郑成功）的绘画，这位中日混血的武人正在射杀一只老虎。他曾在 1644 年明朝灭亡后，收复台湾，反清复明，后来成为歌舞伎表演和版画中的名人。这幅宇田川国贞的绘画创作于1840年。

日本弓箭只能在 12～14 米的距离内射穿敌人铠甲。随着时间推移，制造武器、生产足够火药等瓶颈问题得到克服，子弹造成的伤亡数量稳步上升。

有关火枪造成的受伤情况的最早的明确记载发生在 1563 年 1 月 27 日，当时雪

图解世界战争战法：日本武士（1200—1877年） TUJIE SHIJIE ZHANZHENG ZHANFA

防弹铠甲

　　这副当世具足铠甲由前原光尚制作，增加了金属护胸，可以有效防御子弹射击。一些附属的锁子甲可以提高保护动能，而可移动的袖可以为上臂提供更好的保护。面颊长度增加，可以保护眼睛以下的脸部，也被称为目下颊。头盔的款式比较老，但是可移动的錏可以保护后脖。縅可以根据身高调整铠甲的长度，而縅是用漆器金属制成的。漆器工艺依然存在。锁子甲和铁板生产于16世纪，头盔生产于17世纪，丝织物则是19世纪的物件。

- 立物
- 眉庇
- 目下颊垂
- 大袖（护肩）
- 有家纹的胴
- 笼手
- 縅
- 漆片金属草摺

158

松茅崎的领主原克也左腋窝被北九州大友的属下用"火球箭"射中。这种被称为"铁炮"（由种子岛人仿照葡萄牙人的样式制造）的武器在1563年11月13日的战斗中被大规模使用，当时出云的尼子袭击了吉川，用火枪击伤33人，弓箭击伤6人，石块击伤5人，刀击伤1人。

由于尼子的英勇作战，火枪造成的伤亡数量在16世纪60年代超过了弓箭造成的数量，分别是88起对64起。然而，这一数字还不足以说明武器的扩散情况。到了16世纪70年代，记录下来的子弹伤亡数量是弓箭的2倍多（17:8），但到了80年代这两个数字又非常接近（19:16），在所有弹射武器造成的伤亡中，58%由弓箭造成，28%由子弹造成，13%由石块造成。根据存世的文献，直到17世纪，火枪的伤亡数量才超过了弓箭：在中部日本的平原地区，火枪造成的伤亡数量是所有弹射武器的80%。

火枪真正取代弓箭还需要半个世纪的时间，因为前者的射程和穿透力在逐渐增加。火枪和弓箭一样，都是在近距离致伤。一些例子表明，当时有士兵同时受了枪伤和箭伤，或者同时受枪伤或长矛刺伤。当时有同一个士兵多次受到枪伤并活下来的记录，这也暴露出16世纪火器的局限性。

火枪和军事组织

根来寺僧人在种子岛得到了葡萄牙3

武士骑马射击火枪，载于1855年的《武道艺术绘卷》。这些火枪能够让士兵在马上射击一发或者最多两发子弹。由于子弹装填不便，再加上在马背上射击影响精度，这种19世纪的武器除非在非常近的距离使用，否则效果非常有限。

把火绳枪中的1把，他们不仅生产出了这种武器，同时还迅速和有效地使用起了这些武器。虽然我们现在很难知道他们把火枪手排成阵形的准确时间，但是根据文献记载，在16世纪70年代他们就组成了300人的火枪手部队，并击败了织田的弟弟。

上杉家族虽然管理效率不高，但是却组成了很有效的军队。一份1575年2月16日的文献显示，他们根据功能对部队进行了分组，包括长矛部队、火枪部队和骑兵部队。当然，我们很难知道上杉究竟

火绳枪足轻（1600年）

一位火枪手。图中的足轻身着简易铠甲，但有发射火器的精良装备。由于使用火枪需要配套的物件很多，因而许多足轻依然习惯使用弓箭，这一现象到15世纪最后十年时才得以改变。

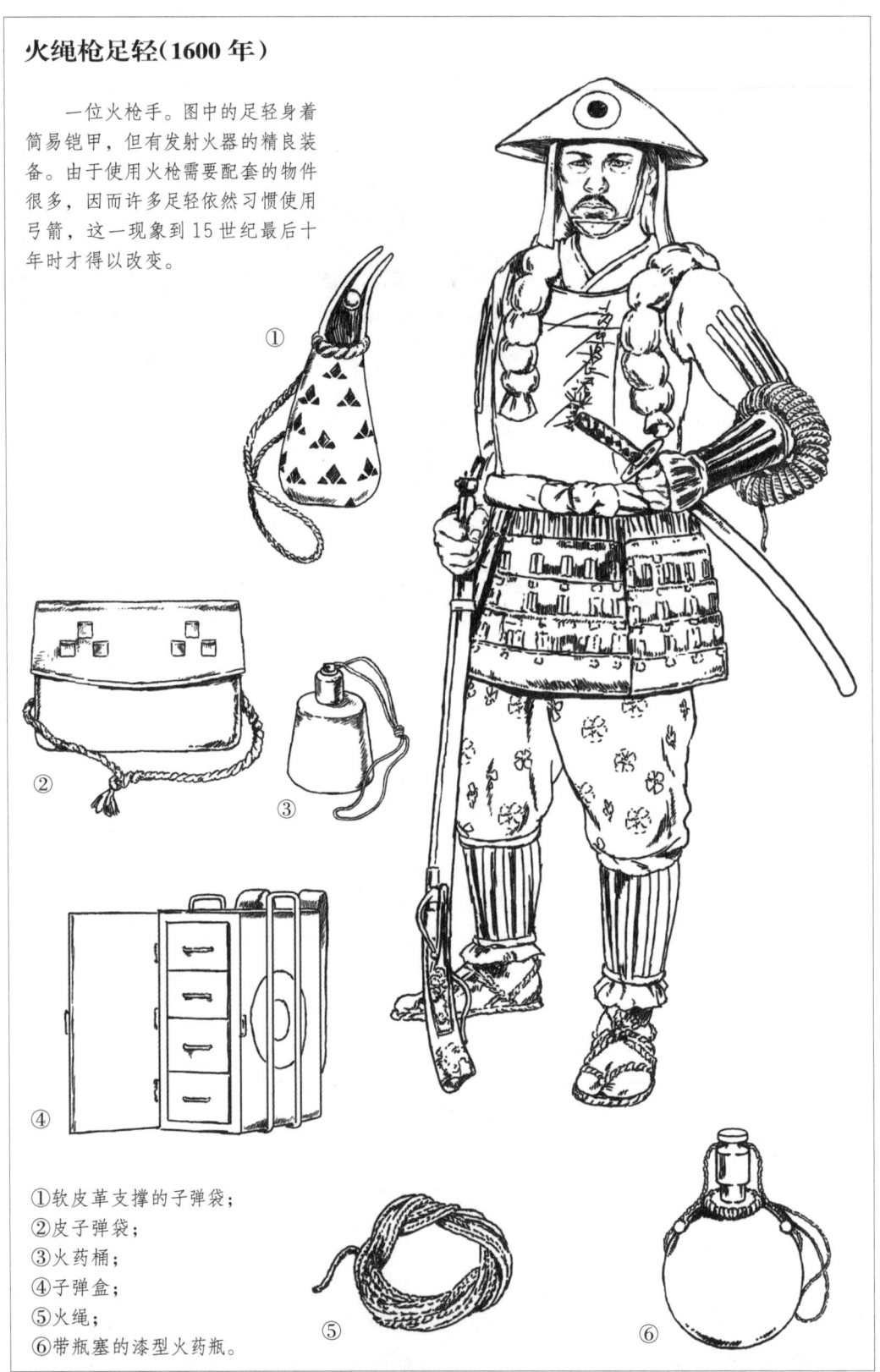

①软皮革支撑的子弹袋；
②皮子弹袋；
③火药桶；
④子弹盒；
⑤火绳；
⑥带瓶塞的漆型火药瓶。

什么时候组织了火枪部队，但是值得注意的是，在谦信1559年获得火药配方之后不久，就对北条的大本营小田原发动进攻，上杉后来于1560—1561年在镰仓被册封为关东管领。他在1562年的川中岛战斗中也使用了火枪，并且重创了信玄部队。

并不是所有的军阀都能有效使用火枪。武田信玄在认识火器的重要性中慢了一拍。一份1562年的文献显示，信玄以完全不同的方式组织了自己的部队，45名士兵中，30人是枪兵，2人使用短矛，5名弓箭手，1名火枪手，其余8人作为扛夫，或者负责扛铠甲、刀或旗帜。

45人中只有6人（占13%）使用弹射武器，而其中83%的人使用弓箭。从这一点，我们就不难看出信玄为什么会在1562年的川中岛战斗中损失惨重了。根据文献记录，其他的大名，比如北条，虽然迟至1587年才着手，但都按照上杉的模式配置枪兵、弓箭手和火枪兵。然而和上杉比起来，他们更加依赖弓箭手作为组织的基础。

有关上杉的记录还显示，他们射击的效率也是很高的。一份1615年《上杉部队在大阪扎营规定》的文献要求，"不管有多少数量，火枪必须以三人一组方式进行射击。上杉将火枪兵编成组，按组射击"，从而缩短了发射间隙。上杉的方法其实就是一种最有效的战术，能在战场上获得巨大优势，这一点也可以解释为什么有的家族生存了下来，而有的家族却被淘汰了。

为了更好地理解这一变化，让我们研究一个非常重要，甚至是日本历史上最著名的战斗，即一般被称为长筱之战的战斗，见证织田和德川联盟取得的决定性胜利，以及武田的几乎全军覆没。

1855年《武道艺术绘卷》，图中的士兵为了提高射击精度采取独特方法保持水平持枪姿势。

长筱之战

长筱之战在世界历史上都赫赫有名,因为这是当时有关火枪使用的最高形式的战斗。这场巅峰对决正因为日本刚刚引入火绳枪而变得愈发让人注目。吉奥弗瑞·帕克在《军事革命》中生动地阐述了这场战争的重要性:

所有人都承认,最好地展示了日本火绳枪威力的战斗就是发生在1575年5月21日的长筱之战。信长在这场战斗中将3000名火绳枪兵分三线部署,之前就训练他们齐射以保持持续火力。而对手武田的骑兵全军覆没。黑泽明的电影《影子武士》中的战斗场景是非常可信的历史重塑,很好地再现了长筱之战的场景。

帕克这样阐述这场战争的重要意义:

火枪在日本广泛使用的源头常常没有引起人们的重视。首先,当西方人集中精力提高火枪的装填速度时,日本对提高射击精度更感兴趣……在当时,种子岛筒的精度相当高。但这实际上突出了前装式火绳枪的致命弱点:装填弹药所耗的时间长。正如上面提到的,克服这一劣势的唯一方法,就是将火枪兵按列排好,依序射击,这样前面一排装填时,后面一排可以射击。这种解决方法直到1594年才在欧洲出现,17世纪30年代才得到普遍运用。然而,织田信长早在16世纪60年代就已经将这一战术付诸实战,并利用这一战术在1575年取得首场大胜,比欧洲国家发明这一战术早了20年。

黑泽明电影《影子武士》中的骑兵场景。这部拍摄于1980年描述长筱之战的电影,正是基于17世纪的那场实战。

作为守护代的织田信长以"统一"日本闻名于世,并且开创了新的暴政。他的创新是传奇性的,他的军事成就也是传奇性的,他的成功很大程度上来自于他使用的武器。

长筱之战中,武田被织田完败,这在之前从未出现,这场战争也直接导致了武田在1582年的彻底覆灭。武田信玄的儿子胜赖(1546—1582)继承了他的衣钵,成为了战国时期最不成功的军阀之一,退出了历史舞台。黑泽明的电影《影子武士》就描述了武田的一次自杀式的冲锋:

【火 器】

本身却没有得到细致研究。小和田哲男在其研究长筱之战的著作中抱怨说，有关这场战争的许多分析，都是那些对战场毫无所知的人或是从未到过战场的人做出的。然而幸运的是，战场到目前依然保存完好，作者在2005年6月亲自到了战场考察。通过对战场地形的考察，加之考古发掘和幸存的文献记录，我们可以了解到火枪在武田战败中的重要作用，而武田战术上的失算也是其惨败的重要原因。胜赖之所以战败，原因就在于没能包围德川家康的部队，而自己的一个侧翼被分割。

长筱的地形

长筱之战的名称其实是个错误，因为长筱只是战场附近的一座小城，并不是战斗争夺的焦点。这座城虽然被武田包围，但在织田信长和德川家康的增援部队到来之前一直坚守。织田和德川的部队迅速向东机动，试图突破武田的包围，武田胜赖

在胜赖的错误指挥下，他的枪兵和骑兵冲入了枪手组成的重重防御障碍中，几乎全军覆灭。

然而，尽管名气很大，但是这场战争

长筱战场的中心（向北）。德川的部队在左边设防，武田的部队则靠近右边的房子位置。将两支部队分开的小河在照片中很难看得出，但事实上在战场的中间。武田军队的右翼占领了照片中央的那座小山。

图解世界战争战法:日本武士(1200—1877年) TUJIE SHIJIE ZHANZHENG ZHANFA

从武田防线的角度观看长筱的北面部分。武田控制着天神山,即照片中央的这座山,他的部分兵力向这座山北面的山谷转移,也正是在这里他们遭到包围和歼灭。他们根本没有意识到源源不断的织田增援部队就蛰伏在松尾山的后面。

参加长筱作战的德川家康,他在后来的关原战斗获胜后,组建了德川政权,后来被册封为"征夷大将军"。

【火 器】

从重建的德川防线中央的竹栅栏后向武田的部队方向望去，武田的部队就部署在连子川河后面的小山上，这里其实是稻田组成的洼地。

从武田防线的视角看松尾山。由于距离近，武田的几位将领被德川和织田的火枪击中。图中的栅栏是后来重建的，但当时很有可能并没有，因为在此部署的德川部队前依连子川河，背靠松尾山，都有保持。相反，栅栏最应该部署在南面，或者部署在天神山的山谷。

调转部队，并且向西进发2公里，在一个叫作设乐原的地方阻击敌军。也正是在这里，武田发动了冲击，并且战死。

设乐原的地形远比地图上显示的要平整。战斗的主要焦点是一个称为松尾山的小高地，附近有小河连子川。山势很陡，南面就是开阔的平原，由一座小城拱卫着。这些山的东面相对平缓，虽然看起来山上似乎有断裂带，但实际上没有。越过所谓的断裂带，跨过连子川河之后，就是

天神山了。

武田和德川的部队沿着连子川河对峙，但是信长的部队占领了平原的最南端，并向德川家康部队的后方收拢部队，最终驻扎在茶臼山上。这一点值得称道，他将部队从空旷的平原后撤，而这里似乎是武田包围德川阵线的理想地域。德川部队占领了天神山，使他可以轻易进入松尾山。

20世纪时才添加到战场上的这些竹栅栏没有任何作用，因为这些栅栏部署在松尾山的中部。武田不会穿过连子川，然后对这些小但很陡的山发动正面冲击。文字和视频分析以及对战场的考古挖掘都表明，武田从没有想过对这些竹栅栏后面的松尾山发起主攻。

证 据

有关这场战争的很多细节目前已经不得而知。有关这场冲突起因的资料也很少，甚至相互矛盾。人们争论的焦点往往是作战阶段的划分，或者文字资料的可信

图解世界战争战法：日本武士（1200—1877年） TUJIE SHIJIE ZHANZHENG ZHANFA

铁炮头

火枪队长

指挥官，或者说铁炮队长。火枪队的出现还要等到 16 世纪后半期，有关这一职务最好的纪录是 1585 年。队长一般拿着一根空心棍，需要时可以用作推弹杆。

天给德川家康一个家臣的信中写到，他的军队只有 4000 人，其中火枪兵 500 人。这一数字与我们通常认为的根来寺 300 火枪兵吻合，但其作战效能非常高。

战斗发起前不到一个星期，信长在 1575 年 5 月 15 日给细川藤孝的信中，就提到了从京城周边地区得到了火枪和火药。考虑到高品质火药生产起来非常困难，因此这次火药补给的重要性不言而喻，甚至超过了织田部队 500 名火枪手本

性，而对地形和考古证据的研究还不够。

没人知道信长和他的德川联军究竟在战斗中投入了多少火枪。一般认为这一数字是 3000 人，但这个数字并不可信。与织田关系密切的一位学者在 16 世纪后期著作中认为，织田的部队有 1000 名火枪手，但后来有人把这个数字改成了 3000。实际上的规模应该没有那么大。甚至有些证据反映出的数字比这位学者记载的还要少，比如信长在战斗前一

弹药箱

弹药扛夫

图中是一个人扛着弹药箱向战场输送。子弹和火药的供应短缺，且必须保持干燥。图中的人佩戴着刀，但其他弹药扛夫可能和普通的扛夫一样，没有任何武器。

【火器】

弓箭足轻

在16世纪的军队中，战斗中依然会使用弓箭手，因为与火枪相比，这种武器更加廉价，而且可以快速射击。一般来说，他们会与火枪手并肩作战。弓箭手服务的大名的家纹被显眼地刻在了他们的胸甲上。

斗笠

肋差

身的重要意义。

所有最古老、最可靠的证据都表明当时的火枪兵3人一组进行射击。上杉家族的记录显示，到1615年，这种射击方式已经普及，这在火器发展史中也属于早期阶段了，但是在1575年就使用这种战术的可能性微乎其微或者至少也难以证实。

有关著名的武田骑兵冲击的战术记载也很少。我们在第三、四章已经研究了，16世纪的骑兵更多地用于侦察而不是冲击，而骑兵的数量一般占军队总额的10%～20%。现在看起来，武田的部队与他们对手的建制不可能有根本性差异，因此其部队的主体可能还是步兵。

另外一个需要澄清的问题是障碍部署的地点。目前复建的障碍是没有什么意义的，因为在河后山前地域部署障碍没有战术价值。然而，通过对许多屏风的研究，可以让我们理解障碍应该部署在什么地方。名古屋博物馆馆藏的长筱之战屏风是现存最早的记录物品，可以追溯到16世纪90年代；由于距离战争较近，人们的记忆比较可靠，因而对战场的展示更为客观。这些屏风记录了德川和织田的部队部署情况，可以看到他们都驻守在相对脆弱的障碍后。

显然，这些障碍可以对松尾山以南的平原进行保护，从那里可以实施侧翼机动，同时，也可以保护松尾山以北。画面中，在北面，一些火枪兵位于障碍的前面，而织田的部队躲在山谷及山中。还有一幅更为著名也更为细致的屏风描绘了相似的部队部署情况。它由奈良家族所有，屏风中描绘出了战场上有4道更大也更坚固的墙。第一道位于松尾山南面的平原，这里的地势意味着德川家康的部队必定会被包抄。第二道墙位于松尾山前，应当是用来保护家康的，此外在天神山对面还有一道障碍，因为这里的防线有明显缺口。在这些区域的后面，我们还可以发现第二道障碍，但关于这道

图解世界战争战法：日本武士（1200—1877年） TUJIE SHIJIE ZHANZHENG ZHANFA

长筱之战屏风。这组屏风创作于17世纪，虽然名气最大，但是和16世纪90年代创作的屏风相比，它在描述的准确性上稍次一些。黑泽明电影的场景就以这些屏风为素材，此外现在战场上的那些障碍也是依据这些屏风复制的。

德川防线的后方，靠近织田后备部队隐藏集结地域。

长筱之战：重构

这场战争发起时间是早上6点，在随后的一个小时里，鼓声震天，武田部最左侧的山县昌景和内藤昌丰部队对盘踞在松尾山脚南部地域的部队发动冲击，试图将德川的部队赶到南边去。大久保忠佐和大越的部队阻击了这次进攻，武田的这两位将领战死。

持续的佯攻收效甚微。位于战场中部的部队伤亡严重，但依然稳固，目的是为了给对德川右翼实施佯攻的部队争取时间，然而，障碍却让进攻部队难以突破。南部远处的小城，显然是发动进攻的一条显而易见的突破口，这意味着这里戒备森严，而武田也没有将这里看作制胜的关键点。

障碍的记录很少，因为从屏风中所画的情况看，武田的部队似乎没有突破保护织田和德川部队的第一道障碍。

考古证据对这些部署情况并无定论。然而，战场上却发现了11枚子弹，其中6枚出现在松尾山前，这也是两军对阵的地方。此外，还有2枚在南面发现，可能是侧翼攻击留下的。引人注意的是，剩下的3枚是在松尾山西面发现的。这里位于

武田手下的指挥官伤亡惨重。至少有37名重要的武士战死。武田知道火枪，他们也已经拥有火枪50多年了，但似乎他们没有接触到最好的火枪或最有威力的火药。这些新式火枪的射程让武田的指挥官们大吃一惊，正如我们现在知道的，其有效杀伤射程已经到了30米，远超过弓箭或者其他原始火枪的射程。此外指挥官们穿着非常花哨的铠甲，使他们成了明显的靶子，尤其是在近距指挥过程中尤为如此，而改进的步兵火力也让他们大惊失色。

武田部队的总死亡比例可能接近17%，这是一个非常高的数字，因为当时一位家臣的日记中说死亡人数达到1000人，而据估计，武田的部队实际人数只有6000人。相反，织田和德川联合军的部队规模要大得多，据最准确的估计，是将近18000人，但他们的伤亡没有记载。

武田试图从北面包围德川部队，这是一个致命性错误，很多人因此战死。武田战线的右翼成功穿过了松尾山的北面防线。在马场信房、土屋昌次、真田信纲和一条信龙等人的指挥下，武田的部队占领了天神山，尔后继续向前推进，并与织田的将领佐久间 信盛遭遇。信盛在后来的一封信中写道，他向武田派出了秘密信使，告之自己想背叛织田，因而武

防御阵形

火枪兵需要大量时间装填武器，在此期间他们非常容易受到攻击，因此他们只能躲在盾牌、壕沟和其他障碍后面。图中虽然只画出了火枪兵，但实际上他们和弓箭手、枪兵并肩作战，以获得额外的保护。

长筱之战，1575年：进攻

武田（蓝方）的部队进攻织田和德川的联军（红方），并试图包抄他们。对方叛变的谣言，刺激着武田右翼部队突破德川的防线，但就是在这里他们遭到了埋伏包围，并被歼灭。左翼也被击退，而武田的中翼因为想要拖住德川部而遭到重创。

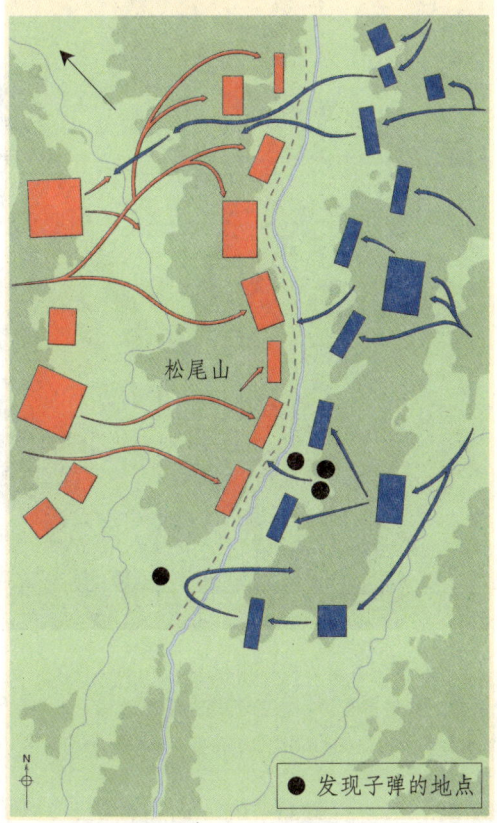

● 发现子弹的地点

田在这条战线上的进攻势头强劲。武田的指挥官希望佐久间调转方向，以便按列前进，从北面包围德川家康的部队。

武田的指挥官并没有意识到自己已经中了敌人的圈套，他们突破了织田的防线，并且从战场上其他部队的视野中消失了。武田希望这支军队可以切断德川部，为此武田左翼和中军始终拖住德川部交战，以期能够完成包围。但是进攻的军队与织田隐蔽的大规模伏击部队遭遇，并被

图解世界战争战法：日本武士（1200—1877年） TUJIE SHIJIE ZHANZHENG ZHANFA

19世纪著名军阀织田信长（1534—1582）的画像。织田信长的一生是不断克敌制胜的一生，在1582年死前，他已经打败了全日本三分之一的大名。

歼灭。率领右翼部队的4名将领中，马场信房和土屋昌次战死。其他位于武田这一侧战线的、有记载的武士家庭，比如真田和土屋，都伤亡惨重。这些人都是在右翼战死的，因为他们没有支援，同时又遭到佐久间的枪击和织田部队的反攻。让武田更加陷入被动的是，随着这一侧战败消息扩散，战线的其他部分受到了影响，开始全面撤退。这是最危险的举动，因为士兵在撤退过程中最脆弱，也最容易被杀，从而使伤亡更加巨大。

社会杠杆

使武田的军官遭受巨大伤亡的武器是火枪，然而真正使武田战败的原因，是织田埋伏部队的狡黠能力和对德川的欺骗才赢得了这样一场大胜。到了上午10点钟，战斗的结局已定，幸存的武田部队开始撤退。

南侧的两名指挥官，马场和山县都已经战死，此外，在战线右翼，指挥官们也伤亡惨重。土屋部丧失了两名将领，真田信纲战死。武田此时才意识到是敌人的诡计让他发动了进攻，但为时已晚，他希望能够包围并歼灭德川的部队，但结果却适得其反。这是一场决定性的胜利，以至于信长给很多大名写信，自诩战功，其中最高兴听到这个消息的就是上杉谦信。

火枪的重要性不言而喻，它使武田的中高级指挥官伤亡巨大。造成这一结局的原因在于武田没有意识到新型火绳枪的威力，然而，早在1562年的川中岛战斗中，上杉谦信就已经使用了这种新型火枪和高性能火药，也正是在这场战斗中，武田的部队遭受了重大损失。幸运的是，在1562年的战败中，武田信玄没有像他鲁莽的儿子，没有让军队的一翼被包围并遭歼灭。

武田胜赖在战斗开始之前，对那些提供火药的属下予以表彰，但后来并没有大力发展这种火药和武器。在1575年11月的信中，胜赖承认"从今往后，火枪是最不可缺少的了"。在此之前,他对那些带着火枪,而不是带着长矛投靠他的人予以表扬,现在,他更注重火枪的作用,要求自己的手下不仅要提供火枪,还要提供能够熟练使用火枪的足轻。与上杉的部队相比,尤其是与织田和德川的部队相比,武田部队有一个令人吃惊的弱点。武田禁止那些既不会使用火枪也不会射箭的人留在自己营中,这也从侧面反映出他的部队里有很多闲杂人等但缺乏步兵。胜赖急需更多的火枪手和弓箭手,他要求对所有赴部队报到的士兵进行仔细检查,一旦发现没有携带足够数量的火枪和弓箭的人,就会严加责罚。

长筱战败后,胜赖更加注重优化部队结构。所有人员都需要佩戴铠甲、头盔、护手、护喉以及旗帜。每把火枪都需要准备能打300发的火药和子弹,这也从侧面反映出之前的弹药供应非常不足。

根据9个文献的记载,在1576年动员的94人中,8人是骑兵,10人是执旗兵,13人是火枪兵,11人是弓箭手,21人是持中等长度(6米)矛的枪兵,31人是长矛兵。在这支部队中,骑兵只占了8.5%,其余91.5%都是步兵。弓箭手和火枪手的比例基本相等,为13:11,同时,使用弹射武器的兵力占了全部的四分之一左右。比例较1562年有所下降,部队的主力(55%)依然是枪兵,当时武田的部队中,71%使用长矛武器。

身着16世纪样式铠甲的火枪手,站在前排的人佩戴织田家的家纹,他们在射击火绳枪,这是2005年12月25日在东京皆中稻荷神社表演的铁炮组百人队的部分人员。

胜赖需要更多的步兵，其中弓箭手和火枪兵平分秋色，这反映出了形成弹射火力的重要性超过了对弹射武器的依赖本身。然而，在1562年，当时只有13%（45人中只有6人）的部队用于弹射作战，但到了1576年，这一数字翻番了。火枪对弓箭的比例，由1562年的17:83，变成了1576年的54:46。在这14年的时间里，火枪的使用已经稍微超过了弓箭。火枪和弓箭的比例逐步相同，这一点在16世纪70—80年代的伤亡表中也能得到证实，两种武器造成的伤亡人数基本相同。此外，记录1591年征战朝鲜的文献也反映，在当时岛津义久总数是15000人的部队中，弓箭手和火枪手的人数基本相同，都是1500人。

大规模火枪射击

火枪可以和弓箭一样，但只有当火枪

一种保持日本火绳枪击发装置干燥的盒子，图片来源于1855年的《武道艺术绘卷》。

手编成紧密的作战小组时，火枪才能成为一件非常有效的武器，但是编组到了16世纪70年代时才出现。随着越来越多的火枪手加入到军队，上杉在1575年2月16日，也就是长筱之战前几个月，将部队编成枪兵、火枪兵和骑兵。根据文献记载，他们使用很多类型的火枪。根据考古发现，春日城遗址里发现了1578年动乱时的24枚不同口径的子弹。

东部的军阀们与西部军阀相比，处于劣势。那些与京城关系密切的军阀，比如上杉，他们的战斗力比较强；反之，武田和后北条的部队则要弱些。

根据1581年北条的动员记录，部队中能够发射火器的人数只有14%（56人中有8人），弓箭手比火枪兵多，二者比

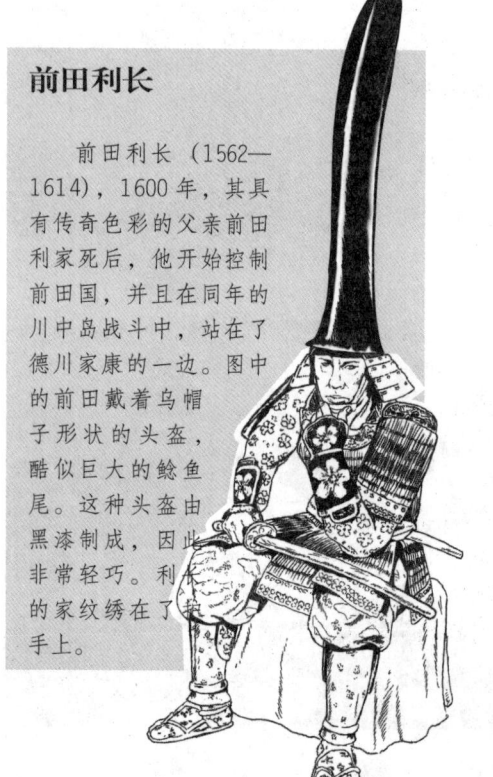

前田利长

前田利长（1562—1614），1600年，其具有传奇色彩的父亲前田利家死后，他开始控制前田国，并且在同年的川中岛战斗中，站在了德川家康的一边。图中的前田戴着乌帽子形状的头盔，酷似巨大的鲶鱼尾。这种头盔由黑漆制成，因此非常轻巧。利长的家纹绣在了左手上。

在16世纪,指挥官在战斗中扮演着更加积极的角色。此图是黑泽明电影《乱》的剧照,一名高级武士骑着一匹体型异常巨大的战马(当时的战马没有这么大)。

例为5:3。另外一个家臣带领的26人的队伍中,只有1名弓箭手和1名火枪兵。直到1587年,使用弹射武器的兵力比例才上升到28%,而火枪和弓箭的比例相同(20:20)。北条氏政也正是在1587年的一份报告中提到了枪兵、火枪兵和弓箭手组成的阵形。此外,根据一份1588年的文献,北条将其火枪兵按照10人一组进行编组。

到了16世纪80年代,有关火枪的知识得到了很大进步,1585年的一份有关子弹类型及其效能的文件就是佐证。此外,一份记录织田信雄在1584年的小牧长久手战斗的文献反映,一支50人组成的火枪队能够重创敌军。

北条的部队被第二个统一日本的军阀丰臣秀吉消灭,织田信长在1582年被其手下将领明智光秀暗杀后,丰臣秀吉继承了织田的衣钵。在被杀前不久,织田信长成功歼灭了武田,他的继承者丰臣秀吉在1590年消灭了北条。虽然有关这些战斗的准确记录已经没有了,但是可以想象得到16世纪90年代,火枪的使用发生了重大变化。然而1600年以前,虽然火枪造成的伤亡已经占到了全部的80%,但还没有完全取代弓箭。此外,长矛依然是战斗中的主要打击兵器,在肉搏产生的伤亡中,占了总数的98%。

甚至到了1600年,并不是所有的指挥官都意识到在火枪兵面前自己不堪一击,虽然长筱之战的教训就在眼前。比如,在关原战斗中,岛津站在反对德川的

图解世界战争战法：日本武士（1200—1877年）

一边，后因遭背叛而战败。一名忠于德川的大名井伊直政（1561—1602）穿着非常显眼的铠甲指挥部队，想要包围和消灭岛津，但就在这个时候，他被射中。直政并没有死，但就在他陷入混乱之中，岛津突破了德川的防线，成功突围。

虽然日本火枪吸引了很多注意力，但是它们本身并没有改变战争的性质，最多只是让弹射物的射程翻倍而已。这让那些喜欢穿着鲜艳铠甲的高级武士遭到了巨大伤亡，比如武田在1575年的损失，但是战争的性质并没有发生变化。大规模枪兵组成的部队依然统治着战场。长矛的长度一度增加到了8.2米，这表明士兵们攻击

根来寺。在丰臣秀吉组建强大的军队，并且摧毁了根来寺的僧兵之前，根来寺的僧众一直生产和使用火枪。图中两座幸存的建筑物上还有各种口径的子弹造成的弹孔，这表明这场战斗中使用了很多不同口径的火枪。

【火 器】

的距离比以前更远了。

而火枪的引进，使得日本西部，尤其是像上杉这些与京城关系密切的军阀，在与东部的敌人对阵中占据了优势。除了上杉，绝大部分东部的大名，比如今川、武田和北条都在军事上遭到了毁灭性打击，并且在一代人的时间里最终覆灭。军事组织的革新，火枪的广泛使用，打破了军事上的平衡，规模巨大的部队可以摧毁数量虽小但是技术精湛的火枪部队。根来寺的僧兵在1585年的惨败中认识到了这一点，当时丰臣秀吉将这个寺庙的建筑付之一炬，只留下了3座建筑。幸存的3座建筑布满了弹孔，反映出火枪这种武器的广泛使用。

然而，和平秩序建立的过程以及德川霸权带来的新秩序，值得让我们研究另外一种武器——火炮，以及防御技术的演变，还有很少被研究过的武士和武器之间的关系是如何影响了接下来的3个世纪的。

关原战斗的战场，由于小早川隆景的叛变，德川家康率领的东军虽然人数较少、居于劣势，但打败了石田三成率领的西军，从而确立了德川家族在未来两个半世纪里的军事霸权。

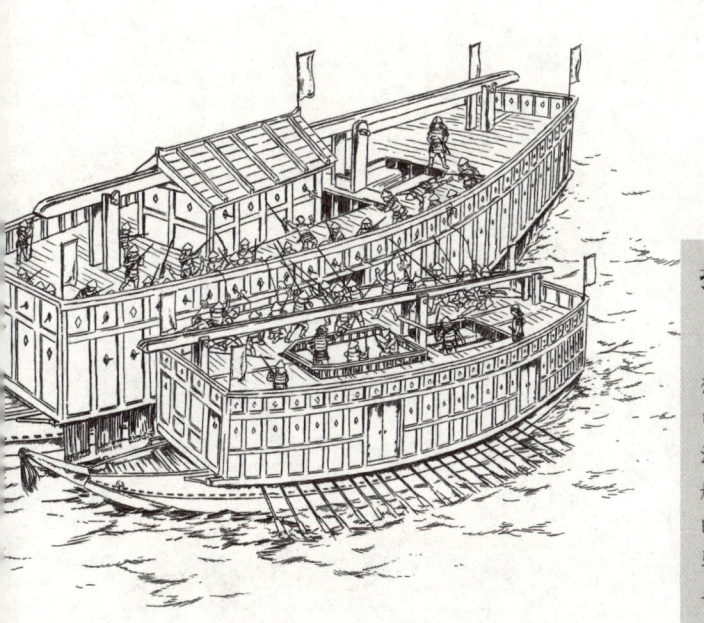

接舷战

虽然对这些战船了解很少，但是可以想象，织田信长在进攻石山本愿寺的过程中，就使用了重型装甲的船只。此外朝鲜海军大将李舜臣发明的龟船也是重型装甲船，最终在1592年阻止了丰臣秀吉军队的侵略。这些战船速度不快，但是并不脆弱，相反它们是枪兵、火枪兵和弓箭手战斗的平台。

175

第六章

大炮和炮兵

人们往往将注意力完全放在火枪在日本的传播上，而忽视了火炮的存在。这种忽视让人很难理解，因为葡萄牙人来访的船上同样装有火炮，大名们非常渴望能够获得这种武器。在整个16世纪，火枪的作用虽然在不断增长，但是只能和弓箭平分秋色，然而与日本早期的火炮，比如弩炮相比，葡萄牙人火炮的优势从一开始就无人可及。

后期的武士们的态度模糊了火炮的形象。有关战斗的记录，以及对武士理想的阐述，都强调个人的勇气和荣誉。现存的文献中，很少将火炮作为武士们的武器而大加推崇。

一幅反映大阪城包围战场景的折叠屏风。在这场包围战中，火药武器被广泛使用，这一点可以从画面中浓密的烟雾中得到证实。

图解世界战争战法：日本武士（1200—1877年）

火炮毫无疑问是任何军队的武器，但是赋予它们的赞美却少得可怜。

此外，德川家康的子孙们一直牢牢控制着火炮的拥有、生产和使用，他们就是利用这种武器让对手臣服。由于害怕这种武器的扩散会打破军事实力的平衡，德川通过垄断的形式，控制这些武器和火器的生产。此外，德川还限制与欧洲的往来，只留下长崎一个港口作为通商口岸，荷兰人则住在出岛的一个很小的港口里。日本的闭关锁国，有助于德川当局垄断火炮零件的进口，这种局面一直维持到了19世纪早期。

亚洲炮

在火炮出现之前，日本人使用什么样的炮，目前我们知之甚少。早期的机械是弩炮，最早出现在14世纪。根据《太平记》记载，楠木正成在1333年遭阿部宗明的军队围困时，就使用过一台弩炮，但是这种武器本身没有记载。正成的千速城建在陡峭的山顶，易守难攻，因此，不管他使用什么样的弩炮，其体型肯定不会太大。

有关投石机的最早记录出现在1468年的应仁之乱中。我们已经介绍过，这种投石机可以将3公斤的弹射物抛出274米远的距离。根据记载，当时有专门的工匠制造这种武器：一个来自和泉的手艺人制造了这种武器，但是有关手艺本身没有记载。然而，根据记载，当时的弹射武器的体型要比15世纪的欧洲同类武器小得多，它可以摧毁位于敌人战壕后的突出的瞭望塔，但无法打穿敌人的石块防御墙。

早期火炮

在15—16世纪的中国和朝鲜已有了原始的火炮，而且都是滑膛炮。由于工艺

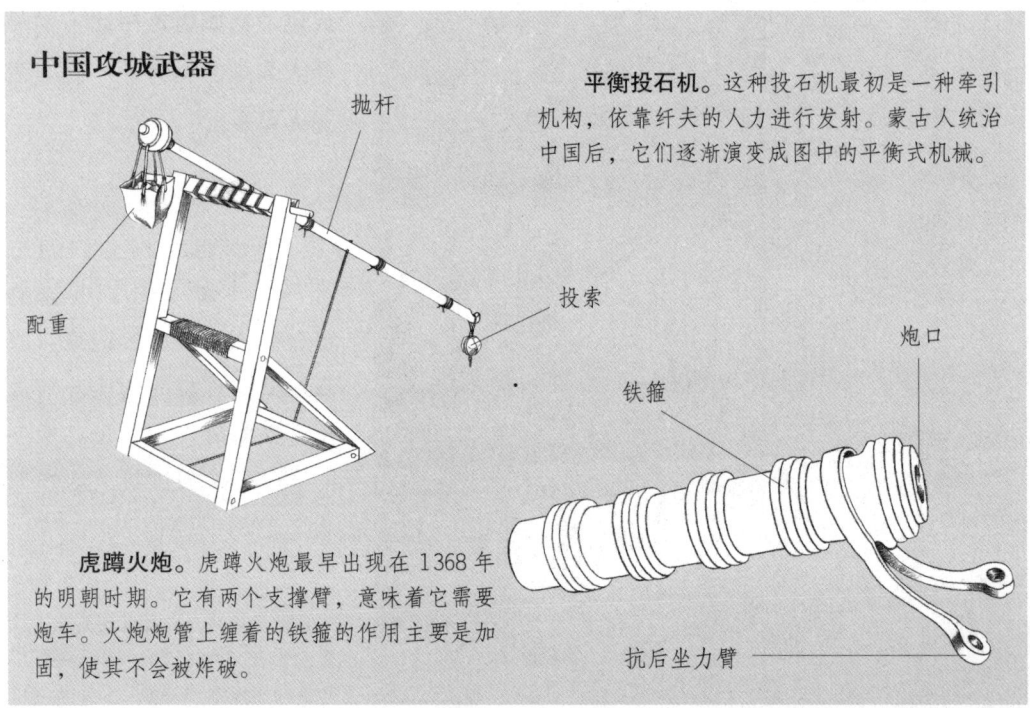

中国攻城武器

虎蹲火炮。虎蹲火炮最早出现在1368年的明朝时期。它有两个支撑臂，意味着它需要炮车。火炮炮管上缠着的铁箍的作用主要是加固，使其不会被炸破。

平衡投石机。这种投石机最初是一种牵引机构，依靠纤夫的人力进行发射。蒙古人统治中国后，它们逐渐演变成图中的平衡式机械。

日本投石机。日本投石机没有留下实物，即使在记载中曾在1468年中发挥了巨大作用，打击了敌人的瞭望塔。这些投石机很可能是模仿中国的虎蹲炮，弹射的炮弹也相对较小，与同时代欧洲的武器相比，它们要小得多。然而生产这种武器的工匠没有留下任何生产的图纸。

水平低，而且中国始终没有得到火药的最优配方，因此这些炮威力有限。早期的铜炮，使用的是过硝酸钠火药，效果很好。

早期火炮的名称可谓五花八门。许多放在船上的炮都是可以转动的火炮。这些后装药的武器一般被称为"法式炮"，说明这些火炮的来源是"法兰克人"，但事实上是葡萄牙人将这种武器带到了东亚。后装药的武器被称为"石火弓"，与表示火枪的词（即手火箭）进行区分。前装药的武器被称为"窒珠肢煮"，但这个词的来源目前不得而知。最后，火炮还被称为"国崩"。

中国最早于1523年生产出法式炮，但是葡萄牙人却垄断了质量最好的火炮的生产。大友义镇在1560年3月向足利义辉呈贡了一门火炮（石火弓），后来他又从葡萄牙人手中获得一门。他写道："请再送一门火炮，我住在海边，与敌人比

中国长城护墙上排列起来的火炮。早在14世纪中期，中国就已经使用了铸铁火炮，但是质量很差。直到16世纪后半叶之前，这种武器的发射都无法确保安全。而高质量的火炮一般都使用铜金属，这种情况一直持续到了19世纪早期。

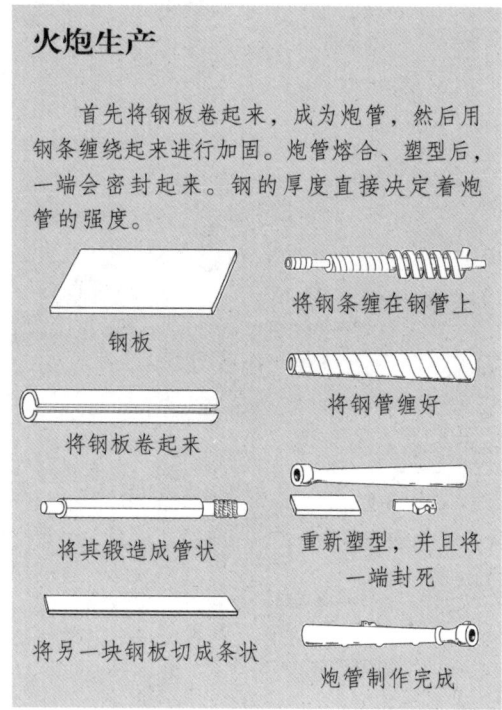

火炮生产

首先将钢板卷起来,成为炮管,然后用钢条缠绕起来进行加固。炮管熔合、塑型后,一端会密封起来。钢的厚度直接决定着炮管的强度。

钢板
将钢条缠在钢管上
将钢板卷起来
将钢管缠好
将其锻造成管状
重新塑型,并且将一端封死
将另一块钢板切成条状
炮管制作完成

邻,我需要保护自己。如果我能用火炮保护领地,这里就会繁荣起来,我会建造教堂,会允许教士和基督徒向前继续旅行,甚至我会允许葡萄牙人在此定居。"这一段记录也显示,早期的传教活动与火炮的传播密切相关。

现在还留下了一些早期后装炮。这些法式炮由铜金属制成,重量一般在120公斤左右。底部一般用木头进行密封,其弊端是爆炸后的气体会从接缝处外泄,从而降低炮弹的飞行距离和速度。此外,这些武器使用的是70毫米炮弹,重约1.3公斤。而后装方式意味着装填速度会更快,在发射间隙无需费力清理,效率更高。许多炮还装载了可旋转的台子,它是发射快速有效的船载武器。

只有最有权势的西部大名才能获得少量的火炮。除了北九州的大友外,继承了大内地位的西部的毛利也获得了一门火炮,我们之所以知道这一点,是因为毛利家的文献中还保留着这门炮的详图,但是炮早已经不存在了。萨摩的岛津也获得了这种武器。1957年,在距离鹿儿岛(之前的萨摩)阿久根城海滩100米处就发现了一门炮。

这些火炮的重量适于防御城市。据传,大友曾经秘密地向臼杵运送了两门火炮,当岛津发动进攻时,防御的一方就使用火炮还击,迫使岛津4天后放弃攻城。在进攻丹生的战斗中,这些武器让岛津伤亡惨重。

此外,这个时候的火炮存在很多问题,这一点在大友推着两门火炮向日向的岛津进攻时就已经表现出来了。火炮很重,运输困难,耗费大量珍贵的火药。大友宗麟在1560—1570年写的一封信中就抱怨炮重的问题。他从葡萄牙那里获得第二门炮时,就写道:"火炮(石火弓)已经抵达高濑港。请你尽快派遣扛夫过来,这里需要很多扛夫,要尽快派过来。"在1578年的耳川战斗中,宗麟被胜利冲昏了头脑,企图铲除岛津,但结果却遭到惨败。由于他没能有效使用这种火炮,所以他将路易·弗洛斯评价的"性能卓越的火炮",丢给了敌人。

火炮在战斗中的使用越来越多。岛津家久的盟友有马晴信(1567—1612)在1584年与隆造寺隆信的战斗中,就训练自己的手下使用火炮,企图歼灭敌人的指挥官。耶稣会士这样评论这两个武器给隆造寺造成的震撼:"大量的炮弹砸向了隆造寺的大营,女人小孩的尖叫声不绝于耳,一直传到了有马的营地。山田去历的女儿在美浓大垣城中遭到了轰炸,她描述'火炮发射时,整个塔楼都在摇晃,听起来大地都被撕裂'。"

我们现在很难知道日本什么时候首次制造出了火炮。一些人认为是16世纪70年代。《国友铁炮记》中透露,早在1571年,信长就下令从国友村来的工匠制造两个长3米、可以发射74克弹药的长枪。国友人自16世纪中期就开始制造这种火枪,后来他们所在的长滨成了信长的势力范围,他们开始为信长制造武器。

生产火炮时,国友的工匠首先会卷出一个中空的铁质圆柱,然后外面逐一浇铸

16 世纪的火炮

葡萄牙人的后装炮。这些火炮在亚洲被称为法式炮,是后装药的武器,有一个旋转装置可以安装在船上。弹药和击发装置在火炮的底部,底部用木塞进行密封,因而可以快速发射。药室由一块木头或铁盖住(图中并未显示),少量的气体会从底部的盖子溢出,这会降低爆炸的威力以及弹丸的速度。

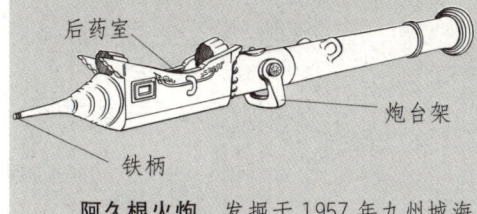

阿久根火炮。发掘于1957年九州城海滩的火炮,被认为是葡萄牙人带到日本最早的火炮。

上几层钢板,完成之后再熔锻,最后进行塑型。那时制造的炮笨重,炮管极厚,这就会牺牲火炮的移动能力,但非常耐用。

酒井的稻留家族生产比较大型的武器。这些前装炮被称为"大凤筒",炮身巨大,通常还有护木。法式炮可以射击重量稍微超过1公斤的轻型弹药,但这些武器中有一些则可以使用18公斤的炮弹。

葡萄牙人在九州建造了一个小型的铸造厂。对此我们现在知道的很少,只有1776年的一份神秘的荷兰文献曾经记载了葡萄牙人在日本生产火炮。此外,日本的铜矿作用巨大,所以葡萄牙人从日本进口铜到澳门,而澳门造的火炮在当时被认为是全亚洲最好的。澳门生产的这些武器中,有门火炮一直使用到了1812年。

武士与足轻在发射火炮,源于1855年的《武道艺术绘卷》。

澳门火炮。澳门造的这座巨大铜质葡萄牙火炮锻造于17世纪初,质量非常好,一直使用到了19世纪早期。

城 防

威力巨大的火炮的出现,改变了城防技术,越来越多的石墙耸立起来,城防面积越来越大,以防止火炮轰炸内城墙。早在16世纪40年代,城墙上一些薄弱的地方已经用巨大的石头进行了加固。在不到十年的时间里,用石头建造城墙已经在日本兴盛了起来,比如武田信玄的海津城。和上杉谦信建造的春日城相当的观音寺城是一座十分坚固的山城,但在1568年被六角义晴(1545—1612)遗弃,它就是由

大量的巨石构筑的。这些建筑非常牢固，但是并不高，最多只有两人高。山城体系依然是造城的基本方式，即围绕山建造相互支撑的城防。

织田信长在击败了六角后，于1568年进入了首都，次年他开始建造二条城，这是足利将军最后的寓所，但很快就被遗弃了。二条城的建造只用了70天，城墙完全用石头砌成，城内外各有一条宽阔的壕沟。路易·弗洛斯这样描述这座城："当地的石头已经用完，织田于是命令砸碎石块（佛像），然后在佛像的脖子上系上绳子，将它们拖到建造工地上。"这些城墙有"6或7埃尔高"（6.86~8米），"6~8埃尔宽"（6.86~9.14米），有3座大门，都是用石头垒砌的。

这座城与建于1478年的京城附近山科的本愿寺形成了鲜明对比，后者在1532年被焚毁。本愿寺代表的是传统的建造技术，它有2个壕沟和3层围墙，长超过3公里，面积很大，足可防护一座小型城市。最近发掘的部分壕沟深约4米，而城墙足有7米高。与二条城不同，它建造时没有使用石块。

在信长建造了二条城之后不久，他又在1576年建造了一个全新的城，称为安土城。这个城建造了巨大的石墙，以至于一些学者认为受到了欧洲人的深刻影响。耶稣会士路易·弗洛斯盛赞这个城是"足可与欧洲伟大的建筑匹敌"，他尤其被其石墙所迷倒。正如研究16世纪日本的学者乔治·埃里森说的，"塔规模巨大，从山顶高耸42米，比琵琶湖足足高了110米。"织田信长征调了数千人向山上搬运石头，其中一个号称"蛇石"的，需要

1568年，织田信长使用石头为末世足利将军义昭建造了二条城。由于石头供应不上，他命令军队打碎佛像，这让众多虔诚的佛教徒大为惊恐。

图解世界战争战法：日本武士（1200—1877年） TUJIE SHIJIE ZHANZHENG ZHANFA

这是一幅描述16世纪90年代朝中联军攻打日本在朝鲜半岛建造的Wajo城的场景。这些城市非常坚固，以至于没有人可以攻陷，日本在1598年撤退时，受这些城的保护，没有遭到什么损失。直到现在，在韩国的沿海地区，还有一些石墙被保存了下来。

10000人合力搬运。信长还建造了一条宽9米的大路，路的两边用3米高、3.6米宽的墙护卫。

城和权力

如果说城池不仅是防御设施的话，那么它们也是政治权力的象征。宏大的安土城内有一个梯井，可以直通山顶，其作用不是用来防御的，大阪城的巨石仅仅是供人观瞻的。看到这些城池的人无不为其精心建造的城墙和高耸入云的天守阁而倾倒。能够发出响声的楼板和精心设计的陷阱，可以防止刺客，但是如果军队冲到了塔楼，整个建筑就非常容易被焚毁。安土城也逃不过这样的宿命。在织田信长被杀后不久，他的家臣明智光秀就焚毁了这座城池。

没有哪座城池完整保存下来，但松本和姬路城的城池保存相对完整。松本的塔楼和内墙还在，但是外墙已经没有了。姬路城的保存相对好些，内墙和第二道墙都在，但是把现在的姬路城包含在内的第三道墙已经不存在了。在那个时候，城池要想生存，就必须在距离城池中心2~3公里的地方修建第三道墙，从而防止内城建筑遭到火炮袭击。一些非常巨大的城池，比如金泽城，就有一道复杂的壕沟网络，长度达到15公里。

德川和火炮

我们已经在前言说过，丰臣秀吉在许多方面是一位创新家，但是他在织田信长死后统治日本，依靠的不是火炮。他发起了对朝鲜的长期征战。信长建造的船无疑对他帮助很大，而他又给船装上了外甲，当然，朝鲜人也创造了类似的船。就在秀

从 16 世纪 60 年代开始,日本的城墙开始使用形状规整的石头作为外墙,再向墙内填充。这些弧形的样式,可以承受巨大的压力,保持最大的稳定。奠基石一般需要仔细打磨形状,而其他石块一般就是简单堆码,只有那些很有权势的大名的城墙才会大小形状恰好吻合。

大阪城。丰臣秀吉命令全日本大名向他供奉石块,用于建造大阪城。这些石头非常坚固,以至于他的继承人秀赖能够在 1615 年抵抗敌人的围攻。德川家康使用诡计,在达成停战之后,将外部的壕沟填平,使得他能够对这座城市发动猛烈攻击,最后在当年消灭了丰臣。图中能够看到内墙和重建的天守阁。

图解世界战争战法：日本武士（1200—1877年） TUJIE SHIJIE ZHANZHENG ZHANFA

围城战术。大型的日本城池都经不起火攻。一旦围城的部队接近城池的中心，他们就能很容易焚毁城市。图中的火枪兵正在向城内射击，弓箭手正在射火箭，步兵则在焚烧城墙附近成堆的竹子。为了防止出现这种情况，很多城市都建有壕沟。与此同时，像织田信长建造的安土等城市，在城池的中心都建有通往中央塔楼的梯井，非常容易被烧毁。

吉侵略朝鲜时,他的部队建造了带有石墙的巨大城池,反映出日本人已经熟练掌握这些技术,但是似乎他缺少火炮。现存的一些命令表明,他要求手下将火炮运送到名古屋的指挥中枢,并且下令增加建造火炮。此外,虽然有令人生畏的铁船,但秀吉的部队在外海还是不如朝鲜的类似的装甲船。秀吉死后,在1600年的战斗中,大炮得到了使用。但是,在壮观的、以秀臣儿子秀赖一方战败为结局的关原之战中,是背叛,而不是战术上的智慧和技术的力量,发挥了决定性作用。当然,在1600年,围困伏见城的一方就使用了大炮。竭力想成为日本领袖武士的德川家康意识到了火炮在削弱敌人堡垒上的战术价值。他也不得不依赖大炮,因为秀赖安然

位于金泽城的桥爪大门和桥爪塔。请注意壕沟,以及石墙中石头之间精致搭配的工艺,使得这座城成为日本最坚固的城池。

松本城(有时也称为"乌鸦城")的塔楼,也被称为松本阁,图中是壕沟和壕沟上的步行桥。松本城的五层角楼始建于1597年。

无恙地躲在大阪那个全日本最伟大的城池之中。

火炮和大阪包围战

1600年取胜和1603年被册封为将军后,德川家康立刻着手尽可能多地搜集火炮。毫无疑问,他是为进攻秀赖做好准备,但是直到1615年,他才找到进攻的借口。家康在1600年的关原之战后,从长宗我部那里缴没了9门火炮,他还从荷兰人那里订购了10门。虽然从技术上说,1610年在酒井城建造的火枪并不是火炮,但是这种火枪长3米,重135公斤,可以从远距离攻击城池。德川还让一个叫作柴辻的酒井工匠制造了一门巨大的火炮,可以发射5.6公斤的炮弹。甚至一些更大的

图解世界战争战法：日本武士（1200—1877年）

海战的创新

除了城池防御的创新外，16世纪晚期还产生了武装舰只的革新。根据耶稣会士奥甘蒂洛·格里奇－索多蒂的记录，伊势的工匠在1578年就已经能够建造"和葡萄牙船相似"的战舰了，让奥甘蒂洛诧异的是，每艘船上还装了3门火炮。这些火炮的性质目前不得而知，但是很可能是后装火炮。根据《多闻院日记》记载，这些船可以容纳5000人，长36米，宽21米，用钢板包裹。这只船封锁了一座寺庙城防

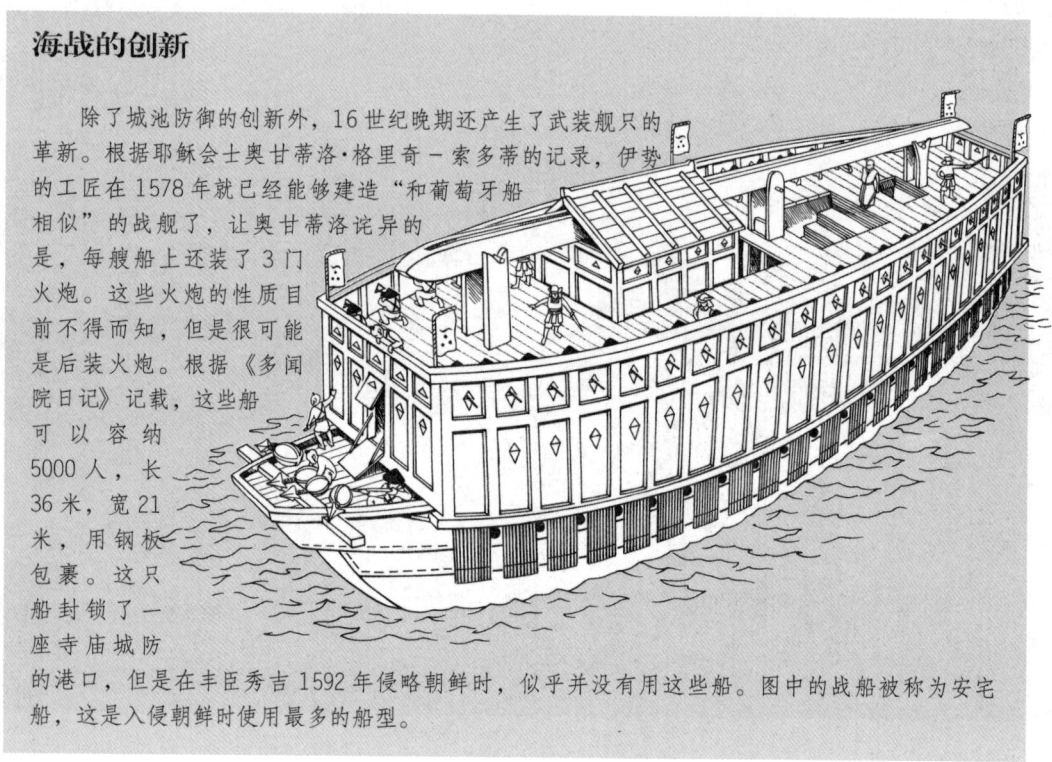

的港口，但是在丰臣秀吉1592年侵略朝鲜时，似乎并没有用这些船。图中的战船被称为安宅船，这是入侵朝鲜时使用最多的船型。

火炮也被生产了出来，较大的火炮可以发射11.25公斤、13.13公斤的炮弹，最大的甚至可以发射18.75公斤的炮弹。这些火炮非常短，但是很厚，其炮管从7厘米到50厘米不等。除了发射炮弹之外，还可以用来发射火箭。

从长宗我部所在的土佐来的火枪工匠能够生产重量超过60公斤的火枪，能够发射54.5毫米、重0.788公斤的弹丸。另外一种火枪可以发射57.6毫米、重1.125公斤的弹丸，射程超过2.5公里。酒井和长滨依然是生产火炮和火枪的中心，这种局面一直持续到17世纪前几十年。从1604年到1615年，国友生产了超过600件武器，其中23件的口径足以称为火炮。其中，有3门炮尺寸超过其他炮，这些炮帮助德川家康于1615年打败

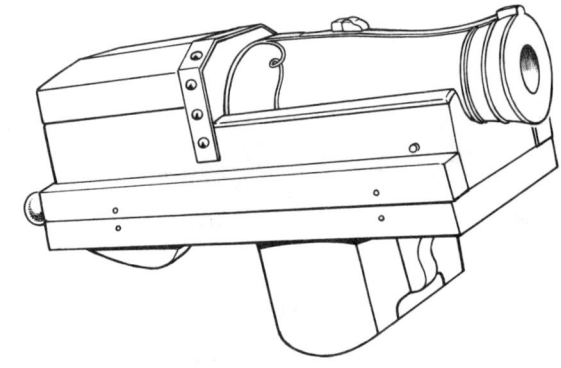

一种架在用于减少后坐力的倾斜木架上的铜炮。炮管非常厚，可以防止炸膛或炸裂。自葡萄牙人引进后，火炮迅速在日本扩散。德川家康在1615年围困大阪城之前的几年中，铸造了大量的此种火炮。

了丰臣部队。

德川家康发动战争的借口是一句针对他的"诅咒"。所谓的"诅咒"，其实是一个寺庙的钟上刻的几个字，其中包含了"家"和"康"，两个字之间还夹着一个字。家康认为，将他的名字拆散，实际上

摘自17世纪《义经生平》的插图，可以清晰地看到当时城池的外城门、石墙和壕沟。

就是要想他身首异处，于是他发动了战争。这座钟是为宝光寺造的，而宝光寺是为了纪念丰臣秀吉的丰功伟绩而建造的。德川家康的部队在1615年第一次进攻丰臣秀吉的儿子秀赖部时，并没有攻陷城墙，因没有办法靠近城墙彻底打垮其防御。但是德川家康的远距离火枪击中了城内的塔楼，而这足以让对手签字停火。德川的一些火枪兵，其中最著名的是井上政次等，他们在有效地轰炸丰臣秀赖和他的母亲浅井茶茶的居所，根据一些记载，正是这种高超的射击技术，导致了丰臣最初的失利。

战火刚停，德川就摧毁了大阪城的3道墙和外层壕沟，该城的防御能力大为削弱。当德川家康半年后再次进攻时，大阪城很快陷落。由于德川的部队可以开到第二道墙前，因此就可能轻而易举使用火炮对城内进行攻击了。

火器的垄断

在消灭主要对手丰臣之前，德川就在1607年发布政令，对主要火枪工匠进行严格管理。在鼓励工匠们能够更快地生产火器后，德川家康命令他们不得为其他大名生产武器。火枪工匠还被禁止前往其他地方，禁止向任何其他人散布火药配方，除了德川幕府的官员之外，不得向任何其他人教授火枪制造技艺。事实上，相对于酒井工匠，德川非常喜欢更为可靠的长滨的国友工匠。也正因为如此，长滨的火枪工匠的住所才得以作为博物馆保留了下来。其他一些工匠，比如为大友生产火枪的渡边守鹤则受雇于德川家康，其生产的法式炮应用到了1615年的作战之中。战后，渡边守鹤还搜集了许多被遗弃的铜和

图解世界战争战法：日本武士（1200—1877年） TUJIE SHIJIE ZHANZHENG ZHANFA

大阪包围战的插图。请注意绝大部分步兵扛着长矛，他们身上各种类型的铠甲上绣着许多图案，这是他们服务的大名的家纹。

青铜，用以生产更多的武器。德川并不是唯一使用这些武器的人，其他一些大名，比如西部的毛利在1615年的大阪之战中，就投入了1400名火枪兵。

不是所有的火炮质量都非常可靠，尤其是法式炮，其中一门火炮在日本中部地区发射时发生爆炸，7人死亡，60人受伤。这也就是为什么德川家康后来主要从英国人和荷兰人那里购买火炮的原因。荷兰船里德尔1600年在日本搁浅，后来被抓获，但结果却让德川家康大受其益。它的领航员威尔·亚当斯成了家康信任的顾问，这也是詹姆斯·克伦威尔的小说《将军》中虚构的主人公的原

1615年大阪城陷落后，平民逃离的场景。画面的上部分就是城池的壕沟和石墙。

【大炮和炮兵】

射箭

在这期间，弹射武器火力依然是战斗的中坚。16世纪是弓箭向火枪转换的时期，武器的射杀范围也扩大到了50码，甚至更多。作战时，弓箭手由枪兵保护。

大阪城（1615年）

1600年，在关原战胜后三年，德川家康被册封为将军。丰臣秀吉的儿子秀赖依然是强大的对手，因为他与皇室关系密切，并且住在日本最坚固的城池大阪。1615年，根据站不住脚的借口，家康（红色）的部队包围了这座城池，但是无法攻克。停战之后，他们的部队填平了壕沟，6个月之后，他又杀了回来，并且占领了这座城池，秀赖战死。

型。从这艘船上，德川获得了18门火炮、500支火绳枪、5000发子弹、300发炮弹以及2268公斤的火药，极大地充实了武器弹药。

1615年大阪之战后，德川家康继续进口火炮，以确保自己的绝对优势。1620年，澳门成了火炮生产的中心，这些武器一直使用到了18世纪。1624年，德川家康从英国进口了5门火炮，从荷兰进口了12门火炮。为了不落人后，岛津在1630年也至少从葡萄牙人那里进口了1门火炮。这个巨大的铜制武器一直保留至今，完好无损。第二次世界大战

191

【大炮和炮兵】

越墙攀爬

将长矛插入敌人的墙上,然后踩着长矛越过围墙,这是一种聪明的越墙方法。这种方法要想取得成功,前提条件是敌人没有发觉,或者己方人数超过敌人。如果墙后布满士兵,那么进攻方会伤亡惨重。

闭关锁国

1637年,基督徒在岛原发动了大规模起义,这一事件直接导致日本停止了与欧洲绝大部分贸易。岛原的起义军占领了一座位于肥前的被遗弃的城池。这次起义由皈依基督教的大名,比如小西和有马领导,他们击退了德川家康的幕府军队。安放在这座城池的火炮,打死了负责攻城的幕府军指挥官板仓重仓。幕府研究使用火炮进行攻击,但是这里地形不适合,最后还是靠荷兰人从海上对叛军的城池进行了轰炸。岛原失陷后,起义军被屠杀,幕府发布政令禁止信仰基督教,禁止日本人离开日本,禁止离开日本的人返回日本,禁止欧洲人出现,荷兰人的活动被限制在长崎港内一个叫出岛的小岛上。这些严格的控制和监视,使

时,虽然有命令说要将所有的铁制和铜制物品熔化来生产弹药,但这些大炮被人掩埋了起来。

宝光寺大钟,由秀吉的儿子秀赖在1614年铸造,钟上有两行字(已经标了出来),可以有不同的理解。一句话是"君臣丰乐",可以被理解为是"在秀吉的统治下,百姓很快乐";另外一句是"国家安康",则将德川家康的名字分开了,狡诈的家康硬说这是对他的诅咒。正是这段文字,使得德川家康违背了自己在1598年做出的支持丰臣的誓言,他对秀吉的继承人发动了进攻,并在1615年杀死后者。

得大名们无法从海外获得武器。

德川自己却没有放弃对火炮的兴趣,1632年,德川家康还专门设置机构,控制火药的散播。然而,在德川获得了政治上的霸权后,就认为已经没有必要再发展这些武器了;相反,德川将工匠们集中起来,以便于监视。此外,他还禁止其他大名生产火炮或者学习武器制造技术,也不让他们获得最好的火药配方。一些已经拥有这些技术的大名,比如上杉,还是想方设法继续制造并吸引了比如日野等许多工

图解世界战争战法:日本武士(1200—1877年) TUJIE SHIJIE ZHANZHENG ZHANFA

1637年基督徒起义的岛原城。防御的一方熟练地使用火炮,杀死了德川的指挥官,但是由于荷兰人的封锁和轰炸,以及长时间的围城,最终起义失败。天守阁和其他建筑是现代重建的。

匠为自己效力。这个时候的德川权力很大,以至于日野在1619年死后,上杉无法找到替代的工匠。在接下来的10年里,上杉已经无法像以前那样熟练生产武器了。德川垄断了火枪的生产,延缓了火枪的扩散。

甚至他们发现了新的技术后,也不允许这种技术扩散。比如,根据记载,日本早在1643年就已经出现了燧发枪,而一个荷兰上尉在1721年也向第八代德川将军吉宗赠送了一把燧发枪,但是这些武器既没有流行开来,也没有在日本使用过。

荷兰人的知识

德川竭力限制重要军事技术的扩散,

一些农民拥有武器,这样他们就可以杀死鹿和其他破坏农业生产的动物。

德川的一些家臣也开始私下研究军事技术。1832年,长崎港的防御官,34岁的高岛开始对火炮和外国武器感兴趣。德川政府长崎总督允许他学习荷兰人的枪械,他的确这样做了,并且从荷兰人那里购买了几百件武器,包括火绳枪和火炮不等。高岛开始研究后5年,两轮火炮在1837年镇压大盐中斋的叛乱中首次使用,正是大盐焚毁了大阪城的四分之一。但是镇压这场叛乱,只用了2枚37.5克的弹药。尽管这两门大炮和其他火炮在控制人群中发挥了作用,但它们的威力没有1615年进攻大阪城的那些炮强大。

在19世纪之前,火炮技术并没有什么大的发展。火炮技术的停滞,可以从澳门生产的火炮得到证明,17世纪早期澳门生产的火炮甚至一直用到了1812年。整个18世纪,虽然枪炮装载,特别是船载技术有所发展,但火炮的技术都没有大的革新。然而,19世纪40年代之后,火炮技术开始突飞猛进,也正是在这个时候线膛技术开始出现。伴随这段时间技术创新的,还有英国在鸦片战争中打败中国的地缘政治的冲击。这一事件促使日本人对新武器产生浓厚兴趣。尤其是高岛对日本的武备进行了尖锐的批评,认为自己国家的武器已经落后好几百年。他甚至在1841年按照西方的训练样式,组织起了一个小队伍进行操演。感兴趣加上不懈的努力,使得日本的武器技术得到了快速发展。

并控制这些武器。当通过与荷兰人的有限接触了解到西方人的创新知识后,德川开始鼓励一些武士学习"荷兰"知识。他们在长崎设立专门机构,用以翻译相关书籍,这里也是荷兰商人能够经商的唯一地点。就在德川给欧洲著作的进口松绑时,西方的天文学、医学、科学逐渐被住在长崎这一小部分但却有影响的武士学习了。由于统治稳固,德川在1717年甚至允许

由于最为关心武备,那些向荷兰人学习的武士们,很快就掌握了武器工业生产

19世纪的火炮

图中的火炮,就是1837年镇压大盐中斋叛乱使用的火炮。大盐中斋试图对社会财富进行重新分配,从而吸引了许多商人参加叛乱。在这次叛乱中,大阪城的10000余栋房屋被烧毁。为了平息叛乱,3座火炮被推上了大阪城的街道,虽然这些火炮的制造质量并不高,但最终控制了人群。

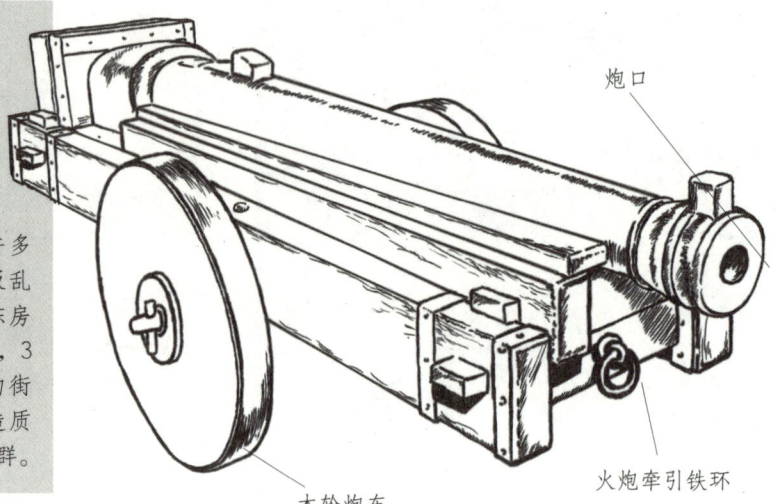

炮口

木轮炮车

火炮牵引铁环

通过长崎港出岛的荷兰人,日本保持与欧洲的接触。当德川吉宗在18世纪中叶放松了西方著作的控制时,欧洲的知识迅速在一些武士中传播开来。仙台的林子平(1738—1793)就是1名军事专家,他在18世纪晚期就指出了日本国防中存在的种种弊端,他于1782年还写了小册子,专门介绍荷兰战舰席拉克号,这本书后来在长崎出版。

的支撑理论。一位名叫福泽谕吉的武士学会了如何制造马口铁,还有生产氯和硫黄酸,甚至学习了当时最先进的电的相关知识。福泽本人如此认同新方法,以至于他把自己的刀都卖了出去。很显然,对许多人而言,新技术方法比过去的理想更

1850年，日本人参考荷兰的书籍，在佐贺建起了反射炉。超过100名工人在此工作，到1857年，这个工厂共生产了200门火炮。1852年，佐贺的武士们开始学习照相、电报和蒸汽船等技术，并且在佩里准将抵达日本之前，就已经能够制造出电报和蒸汽船的原型。

这些技术迅速扩散到了其他地方。萨摩的人由于生活在日本的外围，因此通过与琉球岛的交往，获得了更多的外国知识，而萨摩的大名岛津齐斋（1809—1858）为确保自己的秘密不被幕府发现甚至能够用罗马字母写日记。1851年，岛津齐斋创建了精炼所，可以在自己的地盘上熔化铁矿石。到1858年，萨摩和御津以及幕府都建立起了自己的鼓风炉。到

1641年，荷兰人的活动被限制在长崎港的一个小岛上，每年只允许觐见德川将军一次。

了1865年，按照荷兰书籍的图纸，萨摩制造出了在坚硬铸铁枪管上钻孔的设备，具备了为火炮开膛线的能力。

美国佩里使团的多次来访，最终使德川放弃了锁国政策，并最终在1854年建立了与美国和其他欧洲国家进行更加直接的接触。虽然那些学习荷兰知识的人已经掌握了这些物品的相关理论，但佩里和他的使团成员展示了小型蒸汽引擎和电报机，给"封建"的日本人留下了深刻印象。事实上，萨摩的工匠们早在1852年，也就是佩里访问日本的前一年，就已经制造了3台蒸汽船原型。1855年，他们又制造了一艘小型蒸汽船。同年，德川建造了首艘西式轮船。

大铠

19世纪的后江户时期。岛津齐斋是萨摩一位非常有创新精神的大名，对于欧洲的制造业和技术兴趣浓厚。他甚至可以用罗马字母表达日语来书写日记，从而规避幕府的审查。与对这些新思想开放的态度不同，齐斋的铠甲却是仿造老式的大铠。除了脸部和颈部的防护外，这套铠甲其实就是13世纪铠甲的复制品。他穿的熊皮鞋（马上沓）早在500年前就已经不再流行。

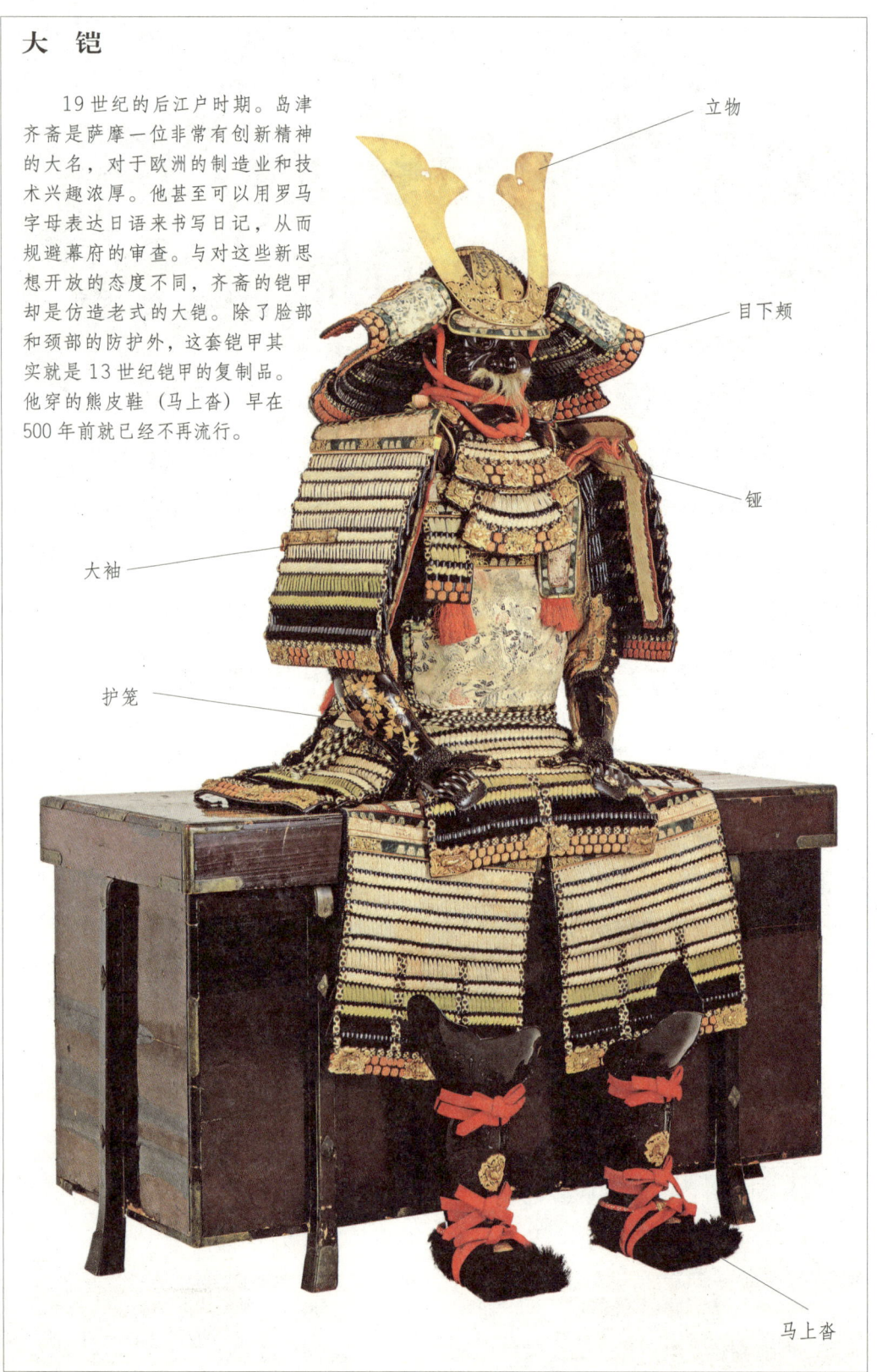

立物
目下颊
钾
大袖
护笼
马上沓

推行"荷兰学术"的福泽谕吉,他没怎么思考就把自己的刀卖了,用竹子代替了刀。他曾数次去欧洲和美国,成为明治时代(1868—1912)"文明和启蒙"的倡导者。这张照片拍摄于1860年,最右侧为福泽谕吉。

就在许多武士沉浸在学习西方技术过程中,还有一些武士萌生了日本最优的思想。倡导这种思维的被称为本土主义,还有那些学习荷兰知识的专家,也同样主要集中在西部地区。位于日本最南部的萨摩就反映出这种相互矛盾的思想。

在整个萨摩,对武士阶层的优越感以及武士文化的悠久历史的自豪感不断出现,但同时他们对鼓风炉和制造火炮的技术也非常感兴趣。在日本开放之后,当一个叫作理查德森的英国商人骑马走在萨摩大名的随从前列并遭到杀害时,排外的情绪越来越强烈。英国要求日本赔偿125000英镑(其中德川幕府赔偿100000英镑,萨摩赔偿25000英镑),换算成现在的购买力,可

上杉神社,位于日本米泽山形。1600年,上杉与德川之间爆发了战争,上杉家的大部分财产都被没收,土地也被赐给了米泽。

图解世界战争战法：日本武士（1200—1877年）

佩里使团到访日本并迫使德川放弃了对西方世界的闭关锁国政策，后4年，即1858年，日本被迫开放港口，这样大量高傲的西方人开始与自豪感同样强烈的武士进行直接接触。在19世纪60年代早期，暗杀和随机袭击成了经常发生的事情。

以达到2000万美元。英国随后在1863年5月轰炸了萨摩最大的城市鹿儿岛，萨摩的所有火枪兵也将火力集中在了英国的旗舰，杀死了英国的舰长和总司令。鹿儿岛损失惨重，但英国同样也被吓得不轻，他们原来以为日本人不可能生产出爆破炮弹，甚至认为日本人得到了俄罗斯人的帮助。

此时的德川既要面对地方诸侯的背叛，又要竭力让朝廷接受他所签署的对外合约，因为此时，天皇依然是日本主权的代表，这些问题的叠加，使得德川在1863年放松了对大名的限制，这也让大名们能在古老的京城聚集，允许他们从海外购买弹药。各种阴谋仍在继续，最后出现了诸侯的联盟，包括萨摩和长州（这两个大名在1600年关原之战中曾被德川家康击败），他们发动攻击并最终在1868年推翻了德川幕府。他们的口号是"尊王攘夷"，指责德川将军在抵抗西方"夷人"方面不力。这个口号与日本沙文主义契合，通过宣布对无实权的天皇效忠，使得他们的反叛合法化。

最终，反叛的西部大名发动了攻击，并且击败了德川的部队，德川庆喜（1837—1913）在1867年奉还了将军职位。德川被推翻后，萨摩和长州的大名让天皇发布《誓文》，其中就包含了应从全世界获得知识的条文。这标志着明治时代（1868—1912）的开始，日本正式进入了"启蒙"时期。

武士的终结

明治天皇很快建立起了集权统治。过去的"恶俗"被"向世界开放"所取代,从而对日本本身的身份认同造成了疑问。武士和他们的刀,越来越被视为是过去的象征。但是到了1872年,明治政府开始对所有大名的领土进行直接管理,并且取消了武士阶层,代之向武士支付薪水。与此同时,政府开始对每个领地的武器进行管控,最后还没收了180000支火枪,绝大部分是埃菲尔德或者斯塔尔式前装火枪,这些都是在1863年,也就是在幕府解除了对大名和军事贸易的限制后,从国外涌入的武器。

废除武士制度后,许多人被迫流浪。大名们和高级武士们有大量的财富,还领薪水,可以过着舒适的生活,但是其他人需要转入新的职业。一些人选择从军,一些人成为教育家、官员、编辑,有些人甚至成了理发师(因为他们善于使用锋利的刀刃)。

由高岛一派生产的一门19世纪火炮,它的出现表明,在佩里于1854年叩开日本大门之前,日本已经掌握了铸炮技术。

局势依然紧张,尤其是在推翻了德川幕府的西部地区。中央集权意味着传统的基于地理区域的姓氏和身份取消了。一些长州的武士选择了抵抗,质疑为什么日本

可以鸟瞰鹿儿岛港的樱岛活火山。这幅照片是从萨摩大名的领地岛津的公园拍摄的。

图解世界战争战法：日本武士（1200—1877年）

德川庆喜，日本的末代将军，穿着和服，手拿纸扇。他成为将军已经太晚了，他卓有远见的改革已经没有时间实行了。

1874年举行了起义，后被镇压，第二年，来自长州的武士发起了第二次叛乱，结果也被镇压。另一位心怀不满的首领、来自萨摩的西乡隆盛（1827—1877）则带领15000人进攻熊本城。但是经过55天的围城，依然没有攻克。日本陆军65000人的部队中，伤亡超过了6000人，战争的最后，所有叛乱分子或被杀、或伤、或被俘。

人遵守17000公里以外的国家的习俗。一些在1868年推翻了德川的首领们，对社会巨变表示出了不满。

许多人被打上了反动的标签，他们依然希望恢复武士制度，他们蔑视明治政权的专制统治。曾将《拿破仑法典》翻译成日文的江藤新平（1834—1874），就在

月冈芳年创作的"鹿儿岛之乱"，画中描绘了受人尊敬的明治维新时期的英雄西乡隆盛。他于1875年在鹿儿岛致仕，这里原来是萨摩的领地，并且在1877年领导了反对他自己协助建立起来的政府的叛乱。图中，他的武士军队最终被政府组建的新式军队击败。在这个图中，理想化的西乡隆盛正带领军队抗击政府军的海上进攻。

叛 乱

西乡隆盛和他的部队使用的绝大部分是前装火器，比如加布雷尔枪和埃菲尔德枪，他们被九州地区的潮湿环境所拖累，因为火药会受潮，而且一湿就无法工作。相反，政府军使用的是施耐德枪，可以从尾部装填，不担心火药变湿。隆盛的叛军拥有的火枪口径大小不一，因而没有办法获得足够的弹药，通常每名士兵只携带100发子弹，这也是他们举事失败的原因。隆盛还拥有一支中等规模的火炮部队，其中28门山炮可以发射2.39公斤的炮弹，2门野战炮可以发射7.18公斤炮弹，此外还有30门迫击炮。相反，新建立的日本军队则有100门火炮、2挺加特林机枪和6300万发子弹，子弹数超过了叛军的14倍，到了1878年3月，政府每天可以生产50万发子弹。

在这场战役最为激烈时，明治军队在攻击隆盛部队时，每天消耗的子弹达到30万发。由于缺少火炮、足够弹药和火药，叛军始终没有攻陷熊本城，最终不得不放弃火枪，改用刀进行肉搏。这次殊死一搏已经拍成了电影，被人始终铭记，但事实上使用火枪已成为武士作战的方式之一。

高傲的武士们已经没有能力在战场上纵横驰骋了，除非他们也成为这个中央集权政府的一部分，而这个政府的坚实基础正是不断扩大的工业。1878年是武士叛乱的最后一年，也是旧式线膛火枪手艺人的最后一年，自此之后，诸如国友等地的工匠不再制造精美的手工火绳枪了。

图解世界战争战法：日本武士（1200—1877年） TUJIE SHIJIE ZHANZHENG ZHANFA

拍摄于1865年的理发照片。随着武士制度在19世纪70年代被废除，一些以前的武士决定转行当理发师，因为在这个行业里，他们可以继续使用锋利的刀刃。

结 论

武士的战斗技术变化非常大，最开始是小股骑兵作战，依靠的是弓箭，后来发展到大规模战术，形成了规模较大的部队，依靠的是长矛，参战的人数也在不断增多。在这些变化的同时，早期的与属下生疏的领导方式，开始向更加紧密和具有个人魅力的指挥方式转变。此外，部队的组成，由原来的小股骑兵，变成了来自各个地方的身体素质优秀的人组成。

火枪的使用意义重大，取代了弓箭之后，它们对敌人的指挥官造成了重大伤亡。与此同时，火炮的使用，催生了平原地区大规模石制城池的出现，新的日本就此诞生了。丰臣秀吉创建了武士阶层，成为武士的人必须放弃他们的土地，同时要时刻携带刀，作为自己武士身份的象征。刀本身也成了这一阶层的象征，许多思想家强调武术以及甘愿赴死的精神的重要性。人们对火药武器兴趣依然浓厚，但是

由于德川家担心武器扩散威胁自己的政权，因而采取了垄断，这也阻碍了这种武器快速传播。

英国打败了中国这件事激发了日本人对火枪和火炮的兴趣，于是德川放松了管控，允许一些地区，尤其是西部地区制造火枪和火炮。越来越多的人开始学习电报、电等知识，以至于在佩里叩开了日本大门后，本来想要用来炫耀的电报机、蒸汽船等物件，已经在日本出现了。地方领主的武装，对1868年最终推翻德川幕府的战争起到了决定性作用，新政府彻底废除了武士阶层以及过去老的方式。最终，西乡隆盛为了保护武士的特权，而发动了叛乱。

然而，他们失败了，但是他们在最终绝望一搏中也依赖于火枪，这反映出无论是对于武士，还是对于他们的征兵制的对手而言，火枪和火炮都至关重要。最终，武士们最后依赖的作战技术顺利地被融入了现代军队的发展之中。

西乡隆盛起义。这幅图中右上方少有地绘出了西乡部队使用火枪进行战斗的场景，但当他们子弹用完之后，不得不使用刀战斗。这幅图过于强调刀在战场上的应用，尤其是天皇军队，但事实上，交战双方的主要武器还是火枪。